NO

11/8/04

Carl Djerassi / Pierre Laszlo

Wissenschaftliches Theater im Klassenraum

NO

Ein pädagogisches Wortgefecht für drei Stimmen, ebenso
lehrreich wie unterhaltsam, mit audiovisuellen Hilfsmitteln
und einem RAP von Erik Weiner
Aus dem Englischen von BETTINA ARLT

Science theatre in the classroom

NO

A pedagogic wordplay for three voices with audiovisuals,
instructive and enjoyable, with RAP-Song by Erik Weiner

Théâtre scientifique pour salle de classe

NO

Un dialogue pédagogique à trois voix, aussi instructive que
divertissante, nantie d'auxiliaires audiovisuels et d'une
chanson RAP d'Erik Weiner

deutscher
theaterverlag

1. Auflage 2003
ISBN 3-7695-0300-7

NO

Deutscher Theaterverlag GmbH

Grabengasse 5, D-69469 Weinheim

http//www.dtver.de

mail: theater@dtver.de

Umschlag: unit Werbeagentur, Weinheim

Druck: ottodruck, Heppenheim

Inhalt

Wissenschaftliches Theater im Klassenraum

NO

Ein pädagogisches Wortgefecht für drei Stimmen, ebenso
lehrreich wie unterhaltsam, mit audiovisuellen Hilfsmitteln
und einem RAP von Erik Weiner

Über die Autoren

Carl Djerassi, Romanautor, Dramatiker und emeritierter Professor für Chemie an der Stanford University, hat als einer der wenigen amerikanischen Chemiker sowohl die National Medal of Science (für die allererste Synthese eines oralen Verhütungsmittels) als auch die National Medal of Technology erhalten (für die Entwicklung neuer Insektenbekämpfungsmethoden). Er hat Kurzgeschichten veröffentlicht ("Wie ich Coca Cola schlug und andere Geschichten"), einen Lyrikband ("Die Uhr läuft rückwärts") und fünf Romane ("Cantors Dilemma"; "Das Bourbaki Gambit"[1]; "Marx, verschieden"; "Menachems Same"; "NO"), die als "Science-in-Fiction" – "Wissenschaft in der Fiktion" – die menschliche Seite der Wissenschaft veranschaulichen und die persönlichen Konflikte, in welche die Wissenschaftler durch ihre Arbeit oft geraten.

Darüber hinaus verfasste er eine Autobiographie ("Die Mutter der Pille") und eine Kurzbiographie ("This Man's Pill: Sex, die Kunst und Unsterblichkeit").

In den letzten sieben Jahren hat er sich auf das Schreiben von Theaterstücken konzentriert, die er unter dem Oberbegriff "Science-in-Theatre" zusammenfasst. Sein erstes Stück, AN IMMACULATE MISCONCEPTION (UNBEFLECKT) wurde 1998 beim Fringe Festival in Edinburgh uraufgeführt und in der Folge nacheinander in London, San Francisco, New York, Wien, Köln, München, Sundsvall, Stockholm, Sofia, Genf, Seoul und Tokyo inszeniert. Es wurde in acht Sprachen übersetzt und auf Englisch, Deutsch, Spanisch und Schwedisch auch in Buchform veröffentlicht. Im Jahre 2000 wurde es als "Play of the Week" von der BBC beim World Service gesendet, und der Westdeutsche Rundfunk (WDR) und das Schwedische Radio übertrugen es im Jahre 2001. Sein zweites Stück, OXYGEN, das er zusammen mit

---

[1] Anmerkung: "Cantors Dilemma" und "Das Bourbaki Gambit" sind gemeinsam in einem Band erschienen, der den Titel "Stammesgeheimnisse" trägt.

9

Nobelpreisträger Roald Hoffmann schrieb, wurde im April 2001 am San Diego Repertory Theatre uraufgeführt und danach in Würzburg und anderen deutschen Städten sowie in London, Seoul, Toronto, Columbus (Ohio), Tokyo, Madison (Wisconsin), Wellington (Neuseeland) und vielen anderen Orten inszeniert. Sowohl die BBC als auch der WDR sendeten es als Hörspiel im Dezember 2001 anlässlich des hundertjährigen Geburtstags des Nobelpreises, der in dem Stück eine zentrale Rolle spielt. Seither wurde es in sieben Sprachen übersetzt, Übersetzungen in zwei weitere Sprachen sind in Arbeit, und es erschien als Buch auf Englisch, Deutsch und Koreanisch. Sein drittes Stück, CALCULUS (KALKÜL), das von dem berühmten Prioritätsstreit zwischen Newton und Leibniz handelt, wurde 2003 in San Francisco, Wien und München uraufgeführt. Sein viertes Stück, EGO, wird beim Fringe Festival 2003 in Edinburgh Premiere haben.

Darüber hinaus hat er pädagogische Wortgefechte über wissenschaftliche Themen verfasst, die nicht für das Theater, sondern für den Gebrauch im Klassenzimmer gedacht sind. Das erste mit dem Titel "ICSI – Sex im Zeitalter der technischen Reproduzierbarkeit" (Deutscher Theaterverlag, Weinheim 2002) wurde bereits mehrfach an Universitäten und Gymnasien in den USA, in Deutschland und Österreich genutzt. Das zweite mit dem Titel "NO" wurde in Zusammenarbeit mit Pierre Laszlo verfasst.

Djerassi ist der Begründer des Djerassi Resident Artists Programms in der Nähe von Woodside, Kalifornien, das Künstlern aus den Bereichen Visual Arts, Literatur, Choreographie, darstellende Künste und Musik Wohnmöglichkeiten und Studio-Raum zur Verfügung stellt. Seit seiner Einrichtung im Jahre 1982 haben über 1200 Künstler von dem Programm profitieren können.

Djerassi und seine Frau, die Biographin Diane Middlebrook (emeritierte Professorin an der Stanford University), haben ihre Wohnsitze in San Francisco und in London.

(Unter *http://www.djerassi.com* finden Sie weitere Informationen über die Texte von Carl Djerassi)

Pierre Laszlo, französischer Autor wissenschaftlicher Schriften und emeritierter Professor für Chemie an der Universität von Lüttich in Belgien sowie an der Ecole Polytechnique von Palaiseau in Frankreich, war an der Princeton University und der Université d'Orsay tätig und hatte Gastprofessuren an den Universitäten von Connecticut, Kansas, Kalifornien (Berkeley), Chicago, Colorado, Johns Hopkins, Lausanne, Hamburg, Toulouse und Cornell inne. Er ist vor allem bekannt für seine zahlreichen Veröffentlichungen zur Methodenentwicklung bei der magnetischen Kernresonanz und der Katalyse von organischen Reaktionen durch modifizierte Tonerden.

Als Verfasser von wissenschaftlichen Schriften hat er neben zehn wissenschaftlichen Monographien und Lehrbüchern in Frankreich etwa ein Dutzend Bücher verfasst, in denen er die Chemie einem breiteren Publikum zugänglich macht und für die er 1999 von der Fondation de France den Maurice-Pérouse-Preis erhalten hat. Seine letzten Buchveröffentlichungen umfassen folgende Titel: "Qu'est-ce que l'alchimie?" (Hachette Littératures-Pluriel, Paris 2003), "Les odeurs nous parlent-elles?" (Le Pommier, Paris 2003), "L'architecture du vivant" (Flammarion, Paris 2003), "Pourquoi la mer est-elle bleue?", "Peut-on boire l'eau du robinet?" (beide Le Pommier, Paris 2002), "Salt. Grain of Life" (Columbia University Press, New York 2001 und Harper Collins, New York 2002), "Terre & eau, air & feu" (Le Pommier, Paris 2000), "Miroir de la chimie" (Le Seuil, Paris 2000), "Le savoir des plantes" (Ellipses, Paris 2000), "Chemins et savoirs du sel" (Hachette Littératures, Paris 1998), "La découverte scientifique" (PUF-Que sais je?, Paris 1999).

Laszlo und seine Frau, die Grafikerin Valerie Annette Jann, haben ihre Wohnsitze in Sénergues in Frankreich und in Pinehurst, North Carolina, USA.

(Unter *http://pierrelaszlo.net* finden Sie weitere Informationen über die Texte von Pierre Laszlo)

Vorwort
Wissenschaftliches Theater im Klassenraum

Es ist allgemein bekannt, dass die Kluft zwischen den
Naturwissenschaften und den Geistes- und Sozialwissenschaften,
mit ihren jeweils völlig unterschiedlichen kulturellen Bezügen,
immer größer wird, und jeder Versuch, diese Kluft zu
verkleinern, sollte willkommen sein. "Pädagogische
Wortgefechte" stellen einen neuen Versuch dar, in dieser
Richtung Abhilfe zu schaffen.

In unserem formalen schriftlichen Diskurs benutzen wir
Naturwissenschaftler in der Regel niemals die Dialogform – wir
dürfen es auch gar nicht. Vom pädagogischen Standpunkt aus ist
die Form des Dialoges aber wesentlich zugänglicher und – seien
wir ehrlich – auch unterhaltsamer. Die reinste literarische
Form des Dialoges ist selbstverständlich das Theaterstück. Bis
vor wenigen Jahren hatte die Naturwissenschaft noch keinen
Platz im modernen Theater, eine Situation, die im Wandel
begriffen ist, da seit Mitte der neunziger Jahre einige so
genannte "Science-in-Theatre"-Stücke (darunter drei Stücke von
einem der Autoren des vorliegenden Wortgefechts) den Weg auf
die professionelle Bühne gefunden haben. Aber die Menschen
gehen ins Theater, um unterhalten zu werden, und pädagogische
Absichten müssen unauffällig bleiben, wenn nicht sogar
versteckt werden, damit das Stück auch aufgrund seiner
dramatischen Vorzüge Akzeptanz findet.

Diese Einschränkung gilt natürlich nicht für den Klassenraum.
Um aber allgemein Verbreitung zu finden, muss ein solches Stück
einfach einzusetzen sein und darf keine kostspieligen oder
zeitaufwendigen Vorbereitungen erfordern. Pädagogische
"Wortgefechte", die laut gelesen und nicht auswendig gelernt
werden müssen, stellen da eine geeignete Lösung dar. Und
reduziert auf die zeitliche Begrenzung einer normalen
Unterrichtsstunde lassen sie sich problemlos in den Lehrplan
jedes Gymnasiums und jeder Universität integrieren. Durch den
Einsatz von audiovisuellem Hilfsmaterial, das auf einer CD-ROM

mitgeliefert wird und den Text begleiten soll, wird die Handhabung enorm erleichtert, da er nichts weiter erfordert als einen Dia- oder Overheadprojektor, die in den meisten Klassenräumen zur Verfügung stehen.

Das erste pädagogische Wortgefecht dieser Art für zwei Stimmen, "ICSI – Sex im Zeitalter der technischen Reproduzierbarkeit", hatte die neuesten Fortschritte im Bereich der Reproduktionsbiologie zum Thema und war in erster Linie für ein Publikum bestimmt, das sich für die biologischen und ethisch-moralischen Implikationen dieses Themas interessiert. Die Inhalte wurden in einer dramatischen Lesung in Form eines simulierten Fernsehinterviews vermittelt, einem "Wortgefecht" zwischen zwei Personen, die sich zur Illustration audiovisueller Hilfsmittel in Form von Dias und eines kurzen Videofilms bedienten. Das Hauptanliegen war dabei der Versuch, beim Publikum eine aktive Diskussion über die ethischen Probleme eines künftigen Fortpflanzungsverhaltens auszulösen, bei dem sich auch fruchtbare Paare der Techniken der künstlichen Befruchtung bedienen, um Kinder zu bekommen. Für den Gebrauch im Klassenraum wurde empfohlen, dass die beiden Figuren des Stücks vorzugsweise von zwei Schülern gelesen werden sollten, und nicht von zwei Lehrern. Der Lehrer selbst sollte dabei möglichst in den Hintergrund treten und sich darauf konzentrieren, die anschließende Diskussion unter den Schülern in Gang zu setzen.

Diese Empfehlungen gelten gleichermaßen für das vorliegende Wortgefecht mit dem Titel NO, das für drei Stimmen geschrieben ist und als Diskussion über die Möglichkeiten der Geldbeschaffung für brandaktuelle Forschungsprojekte getarnt ist. In diesem Fall handelt es sich um die biologischen Anwendungsgebiete von Stickoxid (NO). Wir haben uns für die Problematik der Förderung von wissenschaftlicher Forschung entschieden, weil wir fanden, dass es für Schüler sehr nützlich sein kann, sich mit einem zunehmend unangenehmen Aspekt der heutigen Forschung auseinanderzusetzen: der Geldbeschaffung zur Unterstützung der Forschung und den möglichen Kompromissen, die solche Versuche zuweilen mit sich bringen. Warum aber haben wir ausgerechnet Stickoxid als wissenschaftliches Forschungsthema ausgesucht?

Da wir beide Chemiker sind, wollten wir ein Thema aus dem Bereich der Chemie finden, anhand dessen die Rolle unserer Disziplin in dem sich zunehmend interdisziplinär gestaltenden Bereich der heutigen Forschung anschaulich gemacht werden kann, die auf praktische Anwendungsmöglichkeiten hinarbeitet. Wir haben uns für ein brandaktuelles Thema entschieden (In den letzten vier Jahren wurden für Forschungsarbeiten auf diesem Gebiet immerhin zwei Nobelpreise vergeben!), dessen biologische Anwendungsgebiete zahlreich sind und das in den letzten zwölf Jahren viele tausend Forschungsberichte hervorgebracht hat, darunter ganze Zeitschriften, die sich ausschließlich dem Thema Stickoxid widmen. Tatsächlich stand uns so viel Material zur Verfügung, dass wir manchmal hitzige Diskussionen darüber führten, welche Bereiche wir berücksichtigen und welche wir weglassen sollten. Und wenn die Chemie zuweilen recht simpel wirkt, so ist die ihr zugrunde liegende Biochemie umso komplexer. Und das Wissen um diese wissenschaftlichen Zusammenhänge ist entscheidend, wenn man wirklich verstehen will, wie ein solch einfaches Molekül so viele verschiedene biologische Reaktionen im Körper auslösen kann. Deshalb beginnen wir unsere Präsentation auch mit der Frage "Würdet ihr zum Beispiel gerne wissen, was NO mit Viagra zu tun hat?" Ist eure Antwort "Ja!", müsst ihr euch näher mit NO befassen, um eine Erklärung zu finden.

Obwohl die Präsentation des vorliegenden Materials durch die Lesung von drei Schülern oder Studenten in einer Schulklasse oder einem Hörsaal schon recht reizvoll ist, haben wir auch noch andere Anwendungsgebiete im Sinn. Deshalb umfasst dieser Band den Text in drei Sprachen. Wir sind der Meinung, dass unser pädagogisches Wortgefecht durchaus auch als "Buch" genutzt und in Ruhe gelesen werden kann, mit Bezugnahme auf das beiliegende audiovisuelle Hilfsmaterial auf CD-ROM. Wer sagt, dass wissenschaftliche Schriften stets in Monologform geschrieben werden müssen? Warum sollen wir nicht von dem menschlichen Aspekt profitieren, der dem Dialog – oder sogar dem Trialog – innewohnt?

Zwar haben uns zeitliche Zwänge dazu veranlasst, uns mehr auf den didaktischen als auf den menschlichen Aspekt zu konzentrieren. Doch bahnbrechende Forschung muss nicht trocken und fade sein, sie ist von Menschlichkeit angetrieben, von Neugier und Kollegialität, ebenso wie von hartem Konkurrenzdenken. Daher besteht für uns das "menschliche" Verdienst dieses Wortgefechts vor allem in dem – wenn auch kurzen - Versuch, die Komplexität und Faszination heutiger Forschung hervorzuheben.

Personen

Dr. A:
Biochemiker mit Schwerpunkt Chemie (ursprünglich
Organiker), Anfang 30.

Dr. B:
Biochemikerin mit Schwerpunkt Biologie (ursprünglich
Zellbiologin), Anfang 30.

Mr. VC:
Ein Risikounternehmer, oder auch "Venture Capitalist"

Zeit der Handlung: Die Gegenwart

Bühnenbild: Ein Tisch mit drei Stühlen, auf der einen Seite
eine Tafel und im Hintergrund oder auf der anderen Seite eine
Leinwand.

Technische Anmerkungen: Während des "Stückes" müssen
gelegentlich Dias gezeigt werden, die von der beigefügten CD-
ROM mit herkömmlicher audiovisueller Ausrüstung oder in Form
einer Power-Point-Präsentation auf der Leinwand gezeigt werden
können. (Sie enthält außerdem den Rap-Song, der am Ende des
Wortgefechts gespielt wird.)

Pädagogische Zielsetzung
Das vorliegende Stück wurde für den Gebrauch im Klassenraum
geschrieben und soll die konventionelle 50-minütige
Unterrichtsstunde ersetzen. Es ist gedacht als dramatische
Lesung von drei Personen, die audiovisuelles Material
einsetzen, das auf der begleitenden CD-ROM mitgeliefert wird.
Die Klassenraum-Vorführung des Wortgefechts kann nach Bedarf
verkürzt werden, indem man die markierten Passagen des Textes
auslässt und als zusätzlichen Lesestoff anbietet.

Prolog

(Der folgende Text ist in Form eines Flugblatts gehalten und findet sich auf Dia Nr. 1, das noch vor dem Beginn des eigentlichen Wortgefechts an die Wand projiziert werden soll, damit die Zuschauer es lesen können, während sie ihre Plätze einnehmen. Dadurch wird Zeit für die eigentliche Vorführung gespart.)

O KOMMT ALLE HERBEI

Kommt und hört die ruhmreiche Geschichte von NO, auch bekannt unter dem Namen "Stickoxid", und erfahrt, warum die Biochemie auf der Chemie aufbaut. Hört, auf welche Weise NO die Biologie in den letzten Jahren revolutioniert hat.

Alles begann in Flandern mit dem Alchemisten Jan Baptist van Helmont. Im Jahre 1648 berichtete er von einem "Spiritus Sylvestris", der beim Aufeinandertreffen von Salpetersäure und Metallen wie Kupfer entstand. Natürlich hatte er keine Ahnung, was er da geschaffen hatte. Joseph Priestley bewies im Jahre 1774 in England, dass dieses Gas, das er "Salpetergas" nannte, eine selbständige Substanz ist. Henry Cavendish fand 1785 heraus, dass es aus Stickstoff und Sauerstoff besteht. Doch erst im Jahre 1800 bestimmten Humphry Davy, das Genie der Romantik, und kurz nach ihm Joseph Louis Gay-Lussac in Frankreich seine exakte Zusammensetzung und nannten es "Stickoxid".

Wer aber kann sich als der eigentliche Entdecker rühmen? Einer der großen englischen pneumatischen Chemiker des 18. Jahrhunderts oder sein französischer Kollege Gay-Lussac? Oder etwa van Helmont mit seinem "Spiritus Sylvestris"? Letzterer wohl kaum. Andere wiederum geben Priestley den Vorrang, der erkannte, dass er eine neue Substanz isoliert hatte, deren

Eigenschaften sich von denen des Sauerstoffs unterscheiden – trotzdem bezeichnete er sie als Salpetergas und betrachtete sie als mit Phlogiston angereicherte Salpetersäure. Davy war der Erste, der es "dephlogistiertes Salpetergas" nannte, und Gay-Lussac prägte schließlich den Begriff "oxyde d'azote", mit anderen Worten "Stickoxid".

Wer also ist der Entdecker? Um das zu beantworten, müssen wir zunächst klären, was Entdeckung überhaupt bedeutet: Ist sie gleichzusetzen mit dem ersten Versuch, der zu der Entdeckung geführt hat? Mit der ersten Veröffentlichung der Entdeckung? Oder mit dem ersten wirklichen Begreifen des Entdeckten? Da es darauf keine klare Antwort gibt, wollen wir uns der heutigen Zeit zuwenden, wo die Geschichte von NO eine entscheidende Bedeutung bekommt. Würdet ihr zum Beispiel gerne wissen, was NO mit Viagra zu tun hat?

Erste Szene

(Die beiden Wissenschaftler sitzen sich in einem Café an einem Tisch mit Papiertischdecke und Papierserviettenhalter gegenüber. Sie trinken Kaffee und sind leger gekleidet, könnten vielleicht sogar Jeans tragen.)

A:
Erstens ... wir brauchen Geld. Sonst können wir die Sache vergessen.

B:
"Die Liebe zum Geld ist die Wurzel allen Übels." *(Pause)* 1. Brief des Paulus an Timotheus 6.10. *(lacht)* So steht es in der Bibel.

A:
(abschätzig) Ich habe gesagt, wir brauchen Geld ... nicht dass wir es lieben. Paulus war kein Wissenschaftler. Sonst hätte er gesagt "Anträge auf Forschungsförderung sind die Wurzel allen Übels."

B:
Ich hasse es, um Geld zu betteln ... für die Forschung!

A:
Willkommen im 21. Jahrhundert! *(trinkt einen Schluck Kaffee)* Jetzt lass uns mit NO anfangen.

B:
Vor ein paar Jahren wäre das noch unvorstellbar gewesen. Die Finanzierung eines gemeinsamen Forschungsprojektes von einem Chemiker und einer Biologin ... über Stickoxid?

A:
Vor allem wenn man bedenkt, dass die meisten Leute immer noch Stickstoffmonoxid mit Distickstoffmonoxid verwechseln

und denken werden, wir würden uns mit Lachgas beschäftigen.

B:

Wenn sie erfahren, dass Stickstoffmonoxid ein giftiges Industriegas ist und der Umwelt schadet, sind sie wahrscheinlich noch weniger begeistert. Und dann preisen wir NO auf einmal als Allheilmittel an, das gegen alle möglichen Leiden hilft. *(Pause)* Welche biologische Funktion von NO sollen wir nehmen?

A:

Penis-Erektion.

B:

Ihr Männer denkt immer nur an das Eine.

A:

Das trifft mich jetzt tief.

B:

(scherzhaft) Du wirst es überleben.

A:

Ich dachte, dass man dadurch am besten an Gelder herankommt. Wenn Penis-Erektion im Titel steht, wird das sicher Aufmerksamkeit erregen.

B:

Das würden andere interessante Anwendungsgebiete auch.

A:

Zum Beispiel?

B:

Zum Beispiel Migräne. Da spielt NO auch eine große Rolle. Ich brauch bloß an unseren Antrag zu denken, da bekomme ich schon eine. *(Pause)* Aber stellen wir uns doch einfach vor, wir säßen hier mit zwei anderen zusammen, die keine Wissenschaftler sind und einfach nur mit uns Kaffee trinken wollen.

A:
Und wie soll uns das bei unserem Förderungsantrag helfen?

B:
Stell dir vor, einer von ihnen würde uns fragen, womit wir uns beschäftigen ...

A:
Und wir halten ihm oder ihr einen Vortrag über Stickoxid? *(wirft ostentativ einen Blick auf seine Uhr)* Das ist doch Zeitverschwendung.

B:
(heftig) Ist es nicht! Es wäre eine gute Übung ... erst einmal dem Steuerzahler zu erklären, was wir machen, und es dann für den Antrag entsprechend umzuformulieren. Ach komm!

A:
(widerstrebend) Na gut ... aber beeilen wir uns. Womit fangen wir an?

B:
Ich würde sagen, mit ein bisschen grundlegender Chemie.

A:
Aber selbst dazu brauchen wir einen Stift und Papier ... oder Dias ... oder eine Tafel.

B:
Die ewige Unfähigkeit der Chemiker, mit einfachen Worten auszudrücken, was sie eigentlich machen! Tun wir so, als hätten wir nur diese Servietten.

A:
Was ist denn mit der Tischdecke? Die ist auch aus Papier.

B:
Aber zu groß. Ich bin für die Servietten ... da musst du dich
wenigstens kurz fassen.

A:
Und fasst du dich bei der Biologie dann auch kurz?

B:
Erst mal fangen wir mit der Chemie an und erklären, warum
eines der einfachsten bekannten Moleküle, das aus bloß einem
Stickstoff- und einem Sauerstoffatom besteht, so viele
verschiedene Funktionen erfüllt.
(Sie tut so, als würde sie NO auf eine Serviette malen.
Auf der Leinwand erscheint Dia Nr. 2.)
Und dann erzählen wir ihnen, was Autoabgase in der Luft
bewirken: Sauren Regen ... Zerstörung der Ozonschicht ...
(Dia Nr. 3 erscheint auf der Leinwand.)

A:
Dadurch nähren wir doch nur die allgemeine Chemophobie.
Zeig ihnen wenigstens, dass NO ein bisschen komplizierter
ist, als du es hier darstellst.

B:
Na gut ... na gut! Es kann neutral auftreten oder positiv, bzw.
negativ geladen.
(Sie malt eine neutrale, eine negativ geladene und eine
positiv geladene Variante auf die Serviette, was man auf
Dia Nr. 4 sieht.)

A:
Wie würdest du erklären, warum NO schädlich für die Umwelt
ist?

B:
In ein paar Worten ... in einem Café?

A:
Auf einer Serviette!

B:
Mach du das bitte.

A:
Wir könnten ihnen erklären, wie es heute entsteht ... nicht absichtlich natürlich, sondern ungewollt ... und zwar in einer Größenordnung von über zehn Millionen Tonnen, allein durch das Verbrennen fossiler Brennstoffe. Und wie es in die Atmosphäre entlassen wird durch Autos und Dieselmotoren.

B:
Ich weiß ... dass es die Hauptursache für den sauren Regen ist und ein großes Gesundheitsrisiko darstellt. *(Pause)*
Aber das ist Zeitverschwendung.

A:
Ist es nicht. Wer weiß denn schon, dass, obwohl NO bereits seit mehreren hundert Jahren bekannt ist, seine wahre Bedeutung erst vor weniger als 20 Jahren enthüllt wurde? Gib mir noch eine Minute ... höchstens zwei!

B:
Je länger du erzählst, desto mehr wird sich dein Tischnachbar langweilen und anfangen zu gähnen. Selbst Chemiker würden gähnen ... an Geschichte sind sie nicht interessiert.

A:
Wenn das so ist, werde ich die gelangweilten Gähner vermeiden, indem ich sie ein bisschen ärgere und erwähne, dass NO von allen möglichen Arten produziert wird ... von der Fruchtfliege über die Hühner bis hin zur Forelle ...

B:
Halt! Erst einmal sollten wir betonen, dass der menschliche Körper ebenfalls ständig NO produziert ... obwohl das erst in den späten 80er Jahren des 20. Jahrhunderts entdeckt wurde. Die wichtigen Fragen lauten: Wieso haben wir das nicht schon früher gewusst, und warum produziert unser Körper das Zeug überhaupt?

A:
Dazu musst du aber auch ergänzen, dass die Halbwertzeit von NO im menschlichen Körper nur ein paar Sekunden beträgt ... und um es überhaupt nachweisen zu können, mussten erst einmal entsprechend empfindliche Geräte erfunden werden.

B:
Aber wie willst du veranschaulichen, wie der Nachweis von solch winzigen Mengen von Stickoxid in einer Zelle möglich ist?

A:
Ich zähle bloß die Methoden auf, die gerade gängig sind. Sonst brauchen wir mindestens ein Dutzend Servietten.
(Dia Nr. 5 wird gezeigt.)
Und jetzt bist du dran: Wie entsteht Stickoxid in einer Zelle? Aber nicht auf der Tischdecke ... nur auf Servietten.

B:
Erst mal werde ich ein bisschen angeben und die Biologie in den Vordergrund rücken. Während ihr Chemiker dieses Molekül mit Hilfe von ein paar einfachen Reaktionen herstellt ... wie zum Beispiel vor ein paar hundert Jahren, durch die Reaktion von Salpetersäure auf Metalle ... oder später als elektrische Entladungen in die Luft ...

A:
(unterbricht sie) Vergiss nicht, welche Mengen von NO freigesetzt werden, wenn Verbrennungsmotoren Benzin an der Luft verbrennen, die einen hohen Stickstoffgehalt hat ...

B:
(unterbricht ihn) Ruhe! Jetzt bin ich dran. Selbst Chemiker muss man zuweilen daran erinnern, dass der Entstehung dieses einfachen, aus zwei Atomen bestehenden Moleküls in unserem Körper eine Reihe von komplizierten Reaktionen vorausgeht. Fangen wir mit dem Arginin an. Oder meinst du, ich sollte noch früher ansetzen und erklären, was eine Aminosäure ist?

A:
Wenn du das tust, werden wir nie fertig. Mal doch einfach auf die Serviette, wie Arginin aufgebaut ist … So.
(Er tut es, und Dia Nr. 6 erscheint auf der Leinwand.)
Oder sag einfach nur, dass Arginin eine der 20 natürlichen Aminosäuren ist, aus denen sich Proteine zusammensetzen. Und dann zeig, wie es zuerst zu Hydroxyarginin oxidiert, dann zu Zitrullin, was für unsere Zwecke nur noch ein Abfallprodukt ist … und schließlich zu Stickoxid.
(Er fasst alle drei auf Dia Nr. 7 zusammen, das jetzt projiziert wird.)

B:
Und mehr willst du nicht zeigen?

A:
Genau.

B:
Aber wie kommt Oxidation überhaupt zustande … bei Zimmertemperatur und in einer wasserhaltigen Umgebung? Sitzt da etwa ein kleiner Chemiker im Labor der Zelle? Über den sollten wir sprechen … über das Enzym Stickstoffsynthase oder kurz: NOS. Das ist schließlich die Hauptfigur in unserer Geschichte, oder nicht?

A:
Und wie willst du da verhindern, dass gegähnt wird?

B:

Ich werde darauf hinweisen, dass in den letzten acht Jahren fast 20.000 wissenschaftliche Abhandlungen allein über NOS verfasst wurden ...

A:

Na gut. Du bekommst zwei Servietten.

B:

Unmöglich! Aber ich versuche mit dieser Zuteilung auszukommen, wenn ich ein paar Farbfotos zeigen darf, die ich zufällig in der Tasche habe.
(greift in ihre Tasche und holt ein paar Farbfotos hervor)

A:

(lacht) Trägst du die etwa immer mit dir herum?

B:

(lacht ebenfalls) Man weiß nie, wann man sie brauchen kann. Die Röntgenstrukturen der monomeren und dimeren Formen dieser Hämoproteine sprechen für sich.
(Dia Nr. 8 wird an die Wand geworfen.)

A:

Lass mich mal zusammenfassen. Mit einem einzigen Dia wird das nicht klar.
(Dia Nr. 9 wird an die Wand geworfen.)
Oxidation von Arginin über Hydroxyarginin und Zitrullin zu Stickoxid ist nur möglich mit dem Enzym NOS, das aus zwei Häm-Substrukturen besteht, die über eine Kette von 30 Aminosäuren miteinander verbunden sind, dem Kalzium-bindenden Protein Kalmodulin und ein paar anderen Faktoren, die zu kompliziert sind, als dass der normale Kaffeetrinker sie begreifen könnte. Punkt!

B:
(scherzhaft) Hübsche Zusammenfassung. Es fehlen zwar ein paar interessante Details, aber egal. Doch als Biologin muss ich darauf hinweisen, dass es mindestens drei verschiedene Stickstoffsynthasen gibt ...
(Dia Nr. 10 wird an die Wand geworfen.)
... die "neuronale", die "induzierbare" und die "endotheliale" NOS.

A:
Aber warum willst du die Sache so kompliziert machen?

B:
Weil die vielfältigen Wirkungsmöglichkeiten von NO, auf die wir uns zum Teil beziehen werden, wenn wir den Förderungsantrag stellen, davon abhängen, welche NOS an der Produktion von NO beteiligt ist. Die endotheliale eNOS in der Zellwand der Blutgefäße zum Beispiel reguliert den Blutdruck, während die neuronale nNOS eine Rolle spielt beim Weiterleiten von Nervensignalen. Die iNOS und nNOS sind ständig in der Zelle anwesend und lassen kleine Gaswolken entstehen, die mit einer Geschwindigkeit von 40 Mikronen pro Sekunde aus der Zelle austreten und eine ziemlich weite Strecke zurücklegen, wodurch sie eine große Zahl benachbarter Zellen erreichen.

A:
Wobei wir endlich bei ...

B:
... der dritten Form wären, der iNOS, die im Gegensatz zu den beiden anderen nur im Falle einer Infektion zum Zuge kommt. Das ist wie defensive Kriegsführung mit chemischen Waffen, wobei der Eindringling mit Stickoxid beschossen wird.

A:
Ein gutes Argument für unseren Förderungsantrag.

B:
Jetzt sollten wir langsam zeigen, wie NO funktioniert, wie die unterschiedlichen Teile des Körpers auf das NO-Signal reagieren.

A:
Und wir haben nur noch eine Serviette! Was ist mit der Penis-Erektion?

B:
(lacht) Ich hatte nicht vor, Viagra in einem Café auf dem Tablett zu servieren. Das war nur ein Einstieg, chemische und biologische Grundlagen, bevor wir zum gesundheitlichen Nutzen kommen. Und den schreiben wir dann in unseren Forschungsantrag, aber der wird nicht in einem Café verfasst.

A:
Wenn das so ist, treffen wir uns doch morgen in meinem Büro. Übrigens werde ich jemanden mitbringen.

B:
Wen denn?

A:
Lass dich überraschen.

Zweite Szene

(Ein Tisch und drei Stühle im Büro von Dr. A an der Universität. Im Hintergrund oder an der Seite hängt eine Leinwand. A und B sitzen am Konferenztisch und haben Papiere und ein paar Bücher vor sich liegen. VC tritt ein.)

VC:
(kommt mit ausgestreckter Hand auf sie zu) Ich hoffe, ich habe euch nicht zu lange warten lassen. *(wendet sich an B)* Sie sind also die Partnerin.

B:
(lacht unsicher) Rein beruflich.

VC:
(sieht sich um, in neckendem Tonfall) Ein recht spartanisches Büro für einen renommierten Professor wie dich ...

A:
(zuckt mit den Achseln) Willkommen in der verarmten akademischen Welt. Hier gibt es keine reichen Risikounternehmer. Danke, dass du heute Nachmittag deine kostbare Zeit für uns opferst. Es ist nicht leicht, umsonst Ratschläge zu bekommen.

VC:
(lacht) Noch dazu gute Ratschläge. Aber ihr wisst ja, warum ich hier bin.

B:
Aus Neugierde ... oder aus reiner Menschenfreundlichkeit?

VC:
Was wäre Ihnen lieber?

B:
Heute? Das erste.

VC:
Dann werden Sie das auch bekommen.

A:
(sagt rasch zu B) Ich muss dazu sagen, er ist mein Cousin.

B:
Das werde ich nicht gegen ihn verwenden.

VC:
(lacht) Ganz schön schlagfertig. *(wird ernst)* Aber da Sie gar nichts über mich wissen, und mein Cousin mir einiges über Sie erzählt hat, werde ich Ihnen auch etwas über mich erzählen. *(wendet sich B zu)* Ich habe Chemie studiert, mein Examen gemacht und fast 14 Jahre lang in der Finanzabteilung eines Pharmakonzerns gearbeitet. Während der letzten neun Jahre war ich bei einem Unternehmen im Gesundheitswesen beschäftigt.

B:
Wir haben beide grundlegende Forschungen im Bereich Stickoxid betrieben. Aber wenn man heutzutage eine Zeitschrift aufschlägt, wird dort jedes Mal eine neue überraschende Wirkung von Stickoxid verkündet.

A:
Wir haben beschlossen, uns zusammenzutun und uns auf die medizinischen Anwendungen zu konzentrieren.

B:
Und herauszufinden, welche biologische Anwendung die Sponsoren am ehesten anspricht.

A:
Was ist deiner Meinung nach besser? Nur staatliche Gelder zu beantragen oder sich von Anfang an auch an die Industrie zu wenden oder vielleicht sogar an ...

VC:
An die Risikounternehmer?

A:
Ja, warum nicht?

VC:
Da würde ich aufpassen. Wir wollen in erster Linie Geld verdienen ... durch risikoreiche Unternehmen. Wir sind Spieler.

B:
Genau wie die meisten Wissenschaftler in der Forschung auch, und die Akademiker ganz besonders!

VC:
Das sagt ihr. Aber ihr wollt Geld ausgeben, und zwar das Geld von anderen, nicht Geld verdienen. Was für euch dabei herausspringt, sind neue Erkenntnisse und Ruhm. *(Pause)* Trotzdem ... versucht mal, ob ihr mich mit eurer Wissenschaft locken könnt. Dazu bin ich schließlich gekommen.

A:
Fangen wir an mit der Penis-Erektion.

VC:
(scherzhaft) Mit den Ursachen oder der Verhütung?

B:
Beides.

VC:
Die Verhütung wird euch nicht berühmt machen. Und reich auch nicht. Was die Ursachen betrifft ... *(kurze Pause)* da gibt es doch schon Viagra!

B:
Aber wussten Sie auch, dass die Wirkung von Viagra zum größten Teil auf Stickoxid beruht?

VC:
Nein.

B:
Wir können Ihnen ein paar Dias zeigen. Aber zunächst eine Frage: Wissen Sie, was der Corpus cavernosum ist?

VC:
Nie gehört.

B:
Der Schwellkörper des Penis, der hauptsächlich für die Erektion verantwortlich ist.

VC:
Hätte ich mir ja denken können ...

B:
Es ist bereits lange bekannt, dass sich im Corpus cavernosum Neuronen befinden, welche die Erektion begünstigen, aber niemand hat bisher den eigentlichen Auslöser gefunden. Wir wissen jetzt, dass dieses Gewebe vereinzelt NO produziert. Wie Sie übrigens auf dem Dia sehen können ...
(Dia Nr. 11 wird projiziert.)
... breitet sich das NO, das in den Neuronen entsteht, ebenso wie in den Zellwänden der Blutgefäße, schnell in den glatten Muskelzellen des Corpus cavernosum aus und bewirkt dort Erschlaffung ...

VC:
Erschlaffung? Aber ich dachte, er soll ...

A:
(ungeduldig) Lass sie ausreden!

B:
Ich wollte sagen, die durch NO eingeleitete Erschlaffung
der glatten Muskelzellen des Corpus cavernosum führt zu
einer verstärkten Durchblutung des Penis' ...

A:
... und man bekommt einen Steifen ...

B:
(wirft hastig ein) ... Penis.

VC:
Also ist NO der alleinige Schlüssel zum Erfolg?

B:
Biologie ist meistens etwas komplizierter. In kleinen Mengen im
menschlichen Körper produziert ist NO für die Penis-Erektion
unerlässlich, denn wie das Dia zeigt, regt es das Enzym
Guanylat-Cyclase an, den echten Neurotransmitter, das zyklische
GMP, zu produzieren. Und dieser wirksame Bote sorgt
schließlich für die Gefäßerweiterung und regt die Durchblutung
an ... das was
euch Männer am meisten interessiert. Lassen Sie mich das anhand
des nächsten Dias in Farbe illustrieren.
(Dia Nr. 12 wird an die Wand geworfen.)
Doch dieses Molekül ist nicht nur für die Schwellung
verantwortlich, sondern auch für ihren Rückgang ...

A:
(wirft ein) ... bei praktisch zeugungsunfähigen Männern, von
denen es allein in den USA 20 bis 30 Millionen gibt. Zum Beispiel

Männer, die an Bluthochdruck leiden oder an der Prostata operiert wurden oder auch Diabetiker. *(zeigt auf B)* Bitte erklär es ihm.

B:
Es ist eigentlich ganz einfach. Wie Sie schon auf dem vorigen Dia gesehen haben, verwandelt ein Enzym namens PDE5 das zyklische GMP in das inaktive GMP. Deshalb haben Männer, die nicht genügend frisches zyklisches GMP produzieren ...

VC:
Oder genügend NO?

B:
Genau. Bei diesen Männern lässt die Erektion entweder schnell wieder nach, oder sie ist von Anfang an gar nicht erst stark genug. Dem kann man aber durch Blockung des PDE5-Enzyms, in diesem Fall mit Hilfe von Viagra, entgegenwirken.

A:
Und dafür brauchen wir den Chemiker. Sieh dir mal die chemische Struktur von Viagra an.
(wirft Dia Nr. 13 an die Wand)
Jemand, der nichts von Chemie versteht, kann damit nicht viel anfangen, aber du weißt vielleicht noch genug über organische Chemie, um zu sehen, dass das ein ziemlich kleines Molekül ist. Man braucht nicht mehr als zehn Stufen, um es herzustellen.

VC:
So wird Viagra hergestellt?

A:
So wurde es hergestellt. Heutzutage werden jede Woche mindestens ein paar Tonnen davon produziert, und das läuft vollkommen automatisiert ab. Worauf ich hinauswill, ist die Tatsache, dass ein relativ einfaches organisches Molekül, eine einzige Tablette mit Sildenafil, wie Viagra ursprünglich hieß,

ausreicht, um den Zerfall des zyklischen GMP durch das PDE5-Enzym zu verhindern.

B:
Jetzt, da wir wissen, dass Stickoxid das Zaubermittel für eine normale Erektion ist, indem es die Durchblutung des Penis anregt, gibt es zwei logische Möglichkeiten, Erektionsstörungen zu behandeln: Entweder schafft man neuartige chemische Verbindungen, die mehr NO im Körper produzieren und somit auch mehr zyklisches GMP, oder es müssen PDE5-Hemmer oder -Inhibitoren entwickelt werden, die wirksamer sind als Viagra und verhindern, dass das bereits vorhandene GMP gespalten wird.

VC:
Ihr Wissenschaftler seht immer alles durch die rosarote Brille. Das lag also der Erfindung von Viagra zugrunde: die Erkenntnis, dass unser Körper eigentlich YES meint, wenn er NO sagt?

A:
Vor fast zwanzig Jahren haben zwei Chemiker, die bei Pfizer in England arbeiteten, Simon Campbell und David Roberts, an der Entwicklung neuer Medikamente gegen Bluthochdruck und anginale Beschwerden gearbeitet. Ihr Ansatz bestand darin, dass sie sich auf die Suche nach wirkungsvollen PDE5-Inhibitoren machten, um dafür zu sorgen, dass das zyklische GMP möglichst lange aktiv sein kann. Schon in den frühen 80er Jahren des 20. Jahrhunderts war bekannt, dass zyklisches GMP die glatten Muskelzellen in den Wänden der Blutgefäße erschlaffen lässt.

B:
Und zu dem Zeitpunkt wusste man noch nichts über die Entstehung und Wirkungsweise von NO im menschlichen Körper.

A:
Also haben sie sich auf die Fachliteratur gestürzt, um sich Anregungen zu suchen. Eine der ersten chemischen Verbindungen, die sie sich ansahen, war Zaprinast, das auf

dem nächsten Dia zu sehen ist.
(wirft Dia Nr. 14 an die Wand)
Wenn man das 5-gliedrige Ringsystem von Zaprinast modifiziert, erhält man Verbindung Nr. 2, und obwohl dieses Pyrazolopyrimidon in vitro ganz gut als PDE5-Inhibitor funktionierte, reichte es nicht aus. Doch durch die übliche molekulare Modifikation ...

VC:
Ein Spiel, bei dem die Pharmaindustrie euch Akademiker jeden Tag aufs Neue schlägt.

A:
Lieber Cousin! Bitte! Ich singe hier der Chemie im Allgemeinen ein Loblied, und nicht nur den Akademikern. Eine aus über 1500 Verbindungen, ursprünglich UK-92480 genannt, sah vielversprechend genug aus, dass sie sie an gesunden männlichen Testpersonen ausprobierten.

VC:
Lass mich raten: Von denen hatte keiner Probleme mit seiner Erektion.

A:
(lacht) So ungefähr, aber wir wollen uns nicht mit sexuellen Anzüglichkeiten aufhalten. Sie gaben ihm den Namen Viagra. Es war zwar kein Allheilmittel gegen Herz- und Gefäßkrankheiten, aber dafür ein absoluter Glücksgriff für die Behandlung männlicher Erektionsstörungen. Für viele wurde es zur Freizeitdroge.

B:
Die schlauen Chemiker können jetzt chemische Verbindungen entwickeln, die allein darauf ausgerichtet sind, als NO-Quellen zu dienen, denn je mehr NO produziert wird, desto mehr zyklisches GMP gibt es.

VC:
Funktioniert das denn auch?

B:
Theoretisch ja. Zur Behandlung anderer Störungen werden solche NO-Quellen bereits seit Jahrzehnten eingesetzt, genauer gesagt sogar seit fast über hundert Jahren. Früher zunächst oral und jetzt auch als Pflaster mit Langzeitwirkung. Im 19. Jahrhundert hat man Amylnitrit-Inhalationen angewendet, um den Blutdruck zu senken. Dieselbe Wirkung hatte auch das Nitroglyzerin, dem die Fabrikarbeiter ausgesetzt waren, die im ersten Weltkrieg Dynamit herstellten.

A:
Aber man ahnte nicht, dass diese Nitrite und Nitrate im Körper zu NO zerfallen oder dass NO den Blutdruck senkt, und somit sehr gut geeignet ist für Patienten mit Angina Pectoris. Aber jetzt wissen wir, wie sie in NO verwandelt werden ...
(projiziert Dia Nr. 15 auf die Leinwand)
... und wie die Verbindung zwischen NO und dem zyklischen GMP ist, dem Molekül, das dem Verschluss der Herzkranzgefäße entgegenwirkt.

A:
Man forscht aber noch nach anderen NO-Quellen, die Stickoxid überlegen sind und einige dieser neuen Quellen sind auf dem nächsten Dia zu sehen.
(projiziert Dia Nr. 16 auf die Leinwand)

VC:
Warum kann man nicht Arginin direkt verabreichen? Schließlich ist das die Ausgangssubstanz, aus der die Enzyme der Zelle NO herstellen.

A:

Darauf sind schon andere gekommen. Viele Naturkostläden und chinesische Geschäfte preisen inzwischen die positiven Eigenschaften von NO.

VC:

Und weiter?

A:

Nichts weiter. Arginin wird viel verkauft. Du brauchst bloß mal im Internet unter "Arginin und Potenzschwäche" nachzusehen. Da findest du Dutzende von Websites mit Überschriften wie "Arginin - die Alternative zu Viagra".
Aber das ist Quatsch, denn in der Zelle wird genau kontrolliert, wie viel Stickoxid hergestellt wird. Das ist etwa so, als wolle man die Stromversorgung einer Stadt verbessern, indem man die Spannung auf die Leitungen erhöht. Strom ist genug da, in diesem Falle Arginin, viel wichtiger aber ist, wie es verteilt wird.

Anmerkung: Falls die Spieldauer des Wortgefechts verkürzt werden soll, kann der nachfolgende Text ausgelassen werden.

B:

Ich habe noch ein weiteres hübsches Beispiel für die mögliche Anwendungsweise von Arginin auf Lager. Ich lese euch etwas aus dem "Quarter Race Journal" vor.

VC:

Ich finde es ja lobenswert, wenn jemand vielseitig interessiert ist. Aber was haben Pferde mit unserem Thema zu tun?

A:

(lacht) Das frage ich mich auch.

B:

(setzt eine ernste Miene auf) Dann seid ihr offensichtlich nicht informiert über die allerneueste Literatur zum Thema Stickoxid ... oder ihr könnt nicht reiten ... oder beides. *(nimmt ein Blatt Papier hoch)* Der Artikel von Dr. William E. Jones trägt den Titel "Stickoxid-Erhöhung" und beginnt folgendermaßen. *(Sie liest sehr schnell.)* "1998 wurde Robert F. Furchgott, Louis J. Ignarro und Ferid Murad der Nobelpreis für Physiologie, bzw. Medizin verliehen, für ihre Entdeckung von Stickoxid als Botenstoff im Herz- Kreislaufsystem." *(Sie sieht auf.)* Jetzt müsst ihr zugeben, dass dies zwar nicht neu ist, aber unvollständig.

Sie haben vergessen, dass Salvador Moncada eine mindestens ebenso wichtige Rolle bei dieser Entdeckung spielte und deshalb dieselbe Ehrung verdient hat. Aber jetzt kommt die Sensation. *(fährt fort rasch zu lesen)* "Eine 21 Jahre alte Stute hatte eine Kolik, musste operiert werden und zog sich dabei eine Salmonelleninfektion zu. Zu allem Überfluss verstopfte sich durch die zahlreichen Injektionen die Jugularvene und sie bekam eine Thrombose.

Drei Monate später war das arme Tier nicht mehr imstande, sich ohne fremde Hilfe vorwärts zu bewegen." *(Sie sieht auf.)* Nachdem er sie über ein Jahr lang abwechselnd mit entzündungshemmenden Mitteln, Lasertherapie, Akupunktur, kalten Wasserbädern etc. behandelt hatte, kam der Besitzer zu dem Schluss, dass der einzige Weg, das Tier von seinen Qualen zu befreien, der Gnadentod sei. Und jetzt hört zu! *(liest schnell weiter)* "Er beschloss zunächst, einen neuen Futterzusatz auszuprobieren, ein Stickoxid-erhöhendes Mittel von einer Firma in San Diego, Kalifornien. Am nächsten Morgen stand die Stute aufrecht in ihrem Stall, die Hinterbeine waren entspannt und das Gewicht ihres Körpers ruhte gleichmäßig auf den beiden Vorderbeinen. Alle 12 Stunden erhielt sie eine Dosis von dem Zusatz. Zwei Tage später war die Stute wieder so lebendig, dass sie eines ihrer Hufeisen abschüttelte. Daraufhin hat man begonnen, die heilende Wirkung des Stickoxid-erhöhenden

Futterzusatzes genauer unter die Lupe zu nehmen." Das war's!
(legt das Blatt hin und lächelt zum ersten Mal)
Der Zusatz, der dieses Wunder bewirkte, war eine Mischung aus
Arginin, Glutamin und einiger Vitamine und Mineralien. Zweifeln
Sie jetzt immer noch an der Wirksamkeit von Arginin?

VC:
(lacht) Zum Glück war es eine Stute. Wer weiß, was ein Hengst
alles angestellt hätte! *(sieht erst B an, dann A)* Habt ihr sonst
noch irgendwelche verrückten Geschichten auf Lager?

A:
Massenweise ... aber keine so hübschen.

**Falls der vorhergehende Teil ausgelasssen wurde, geht das
Wortgefecht hier weiter.**

A:
Jetzt will ich aber noch ein bisschen darüber sprechen, wie
Stickoxid - den Penis oder das Herz - mit Blut versorgt. Dabei
geht es in erster Linie um einen Bestandteil des Blutes, den man
oft übersieht, nämlich die farblosen Blutplättchen. *(Pause)* Wenn
ein Blutgefäß beschädigt wird, sammeln sich die Blutplättchen und
bleiben an den Seiten der Ader haften, wie ein Pflaster auf einer
Wunde. Im Falle eines Herzinfarkts allerdings ...

VC:
Von mir aus kannst du auch "Myokardinfarkt" sagen.

A:
(trocken) Danke. Da verstopfen die durch die Ansammlung von
Blutplättchen entstandenen Klumpen die Blutgefäße ... Aber das
ist dir ja anscheinend bekannt. Der wichtige Punkt jedoch ist:
Durch das Stickoxid, das durch die endotheliale NOS entsteht,
entspannen sich nicht nur die Blutgefäße und wird der Blutfluss
stimuliert, sondern es verhindert auch, dass sich Blutplättchen
ansammeln und an den Zellwänden haften bleiben.

B:

Mit anderen Worten, NO ist Teil eines intelligenten Feedback-Mechanismus, der den Blutdruck kontrolliert und Gefäßverletzungen vorbeugt.

Anmerkung: Falls die Spieldauer des Wortgefechts verkürzt werden soll, kann der nachfolgende Text ausgelassen werden.

Womit ich bei einem Rätsel angekommen wäre, welches das folgende Dia verdeutlicht.
(wirft Dia Nr. 17 an die Leinwand)
Hämoglobin, das Protein in den roten Blutkörperchen, das den Sauerstoff transportiert, ist für den Transport und Austausch der Atemgase Sauerstoff und Kohlenmonoxid zuständig, aber *(Pause)* gleichzeitig ist es auch ständig bemüht, sich so viel NO wie möglich einzuverleiben. Jack Lancaster von der University of Alabama, mit dem ich die Postgraduierten-Ausbildung gemacht habe, hat sich jahrelang mit diesem Problem auseinandergesetzt. Warum hat die Natur es so eingerichtet, dass ein extrem kurzlebiger Bote wie NO so nahe an einem riesigen Hämoglobin-Reservoir produziert wird, von dem er sofort verzehrt wird? Da hat NO doch überhaupt keine Chance, aktiv zu werden.

VC:

So wie Sie die Frage stellen, kennen Sie bestimmt die Antwort.

B:

Es gibt mindestens zwei. Jonathan Stamler von der Duke University behauptet, Hämoglobin zerstört das NO, indem es es in Nitrat-Ionen oxidiert ...
(Die Darstellung erfolgt auf Dia Nr. 18, das jetzt an die Wand geworfen wird.)
... und in S-Nitrosohämoglobin bindet, um es an eine andere Stelle zu transportieren und bei Bedarf freizusetzen.

A:
Wenn das stimmt, könnte man rote Blutkörperchen mit NO vorbehandeln und sie per Bluttransfusion bei Krankheiten einsetzen, die auf einen Mangel von NO zurückzuführen sind.

B:
Ich ziehe Lancasters Antwort vor. Er hat festgestellt, dass Hämoglobin innerhalb eines roten Blutkörperchens eintausend Mal langsamer mit NO reagiert als außerhalb der Zelle im Blutplasma. Daher kann NO seine benötigte physiologische Aufgabe ungehindert erfüllen, solange das Hämoglobin - wie es unter normalen Umständen der Fall ist - in den Erythrozyten eingeschlossen ist, weil es relativ lange dauert, bis das Hämoglobin sich seiner bemächtigt. Doch wenn die Erythrozyten reißen, können schon geringe Mengen von entweichendem Hämoglobin das gesamte NO konsumieren und allgemeines Chaos anrichten.

VC:
Weil sich die Blutgefäße verschließen, wenn kein NO da ist, um sie zu lösen.

B:
Das auch ... und

Falls der vorhergehende Text ausgelassen wurde, geht das Wortgefecht mit dem nachfolgenden Text weiter. In diesem Fall muss der nachfolgende Satz lauten:
Ohne das NO verstopfen die Blutplättchen die ansonsten durchlässigen Blutgefäße.

weil die Blutplättchen ohne das NO die ansonsten durchlässigen Blutgefäße verstopfen. Und das ist ebenso gefährlich wie schmerzhaft, die typischen Symptome für Sichelzell-Anämie.

VC:
Und mit Stickoxid ...

B:
Genau. Mark Gladwin und seine Mitarbeiter an den National Institutes of Health haben einen ganz radikalen Test gemacht: Sie ließen Sichelzell-Patienten kleine Mengen von Stickoxid inhalieren, gerade genug, um das gesamte freischwimmende Hämoglobin im Blut zu sättigen, damit nicht das ganze NO, das der Körper zur Gewährleistung des Blutkreislaufs produziert, im Vorhinein schon aufgesogen wird.

VC:
Und wenn das in der Praxis funktioniert ... habt ihr eine Heilmethode für die Sichelzell-Erkrankung?

B:
Zumindest für einige der schlimmsten Symptome. Aber Sie können schon sehen, dass selbst die grundlegendste Forschung im Bereich Stickoxid vielfältige praktische Anwendungsmöglichkeiten bietet.

Anmerkung: Falls die Spieldauer des Wortgefechts verkürzt werden soll, kann der nachfolgende Text ausgelassen werden.

A:
Warum erzählen wir ihm nicht auch von den septischen Schocks ... wenn bakterielle Gifte in den Körper eindringen, nach ernsten Verletzungen oder Operationen?
Davon werden in den USA offiziell jedes Jahr über 300.000 Fälle gemeldet, mit tödlichem Ausgang in 50% aller Fälle.
Auf den Intensivstationen in amerikanischen Krankenhäusern sind septische Schocks die Todesursache Nummer Eins.

B:

Darauf wollte ich noch zu sprechen kommen, denn das führt uns noch in einen anderen Bereich, das Immunsystem, wo NO ebenfalls eine elementare Rolle spielt. Auf das Eindringen von Fremdkörpern reagiert der Körper mit bestimmten Zellen, den Makrophagen, die die Eindringlinge, meist Bakterien, zerstören, indem sie sie entweder fressen oder vergiften. Und das dazu verwendete Gift ist NO, das bei Bedarf von der Makrophage, welche den Körper schützt, mit Hilfe einer weiteren NO-Synthase, der induzierbaren iNOS, produziert wird. Die hohe Todesrate kommt deshalb zustande, weil sich aufgrund der plötzlichen Ausschüttung von NO zur Beseitigung des Eindringlings der Blutdruck drastisch senkt. Man könnte es auch als Overkill bezeichnen.

VC:

Wie hat man diese Funktion von NO entdeckt?

A:

Michael Marletta, ein Chemiker beim Massachusetts Institute of Technology führte die beträchtliche Menge von Nitrat im Urin eines Patienten nach einer solchen immunisierende Makrophagen-Reaktion auf die Zufuhr von überschüssigem Stickoxid zurück.

VC:

Wieso kann man sie nicht einfach abdrehen?

A:

Eine verständliche Frage, aber das ist leichter gesagt als getan. Im Prinzip liegt die Antwort, die wieder mit Chemie zu tun hat, auf der Hand. Man muss NOS-Inhibitoren entwickeln, und zwar nach demselben Prinzip, das wir vorher im Zusammenhang mit den NO-Quellen diskutiert haben. Viele verschiedene NOS-Inhibitoren wurden bereits synthetisch hergestellt. Hier habe ich ein Dia mit ein paar Beispielen von chemischen Verbindungen, die eng mit Arginin verwandt sind, der natürlichen Quelle von NO im menschlichen Körper.

(Dia Nr. 19 wird gezeigt.)
Zu diesem Thema wurden bereits mehrere Hundert Aufsätze
veröffentlicht. Die Ergebnisse aber sind unterschiedlich, denn
klinisch gesehen sind Infektionen ziemlich kompliziert und das
Ergebnis einer Kombination aus Schutz- und Aggressions-
reaktionen von NO ebenso wie einer Reihe von NO-unabhängigen
Mechanismen. Wir haben sie noch nicht alle ausgewertet, und
vielleicht werden wir nie wirklich alle abdecken, aber es ist ein
interessantes Gebiet.

VC:
(sieht auf seine Uhr) Wir müssen bald zu einem Ende kommen.

A:
Nur noch ein Beispiel, ich verspreche auch, mich kurz zu fassen.
Einige akademische Forschungen haben ergeben, dass Stickoxid
auch in den Bereichen Parasitologie und Tropenkrankheiten
positive Wirkungen erzielen kann. Bei Krankheiten mit langen
Namen wie Schistosomiase, Leishmaniase, Toxoplasmose und
Trypanosomiase, Krankheiten, die durch Parasiten übertragen
werden, die wiederum hochempfindlich auf Stickoxid reagieren.
Von diesen Krankheiten sind mehrere Hundert Millionen
Menschen in Südamerika, Afrika und Asien betroffen.

B:
Aber sobald man den Geschäftsführern der großen Pharmakonzerne vorschlägt, ihr ohnehin schon knappes
Forschungsbudget für solche therapeutischen Zwecke zu nutzen,
tun sie so, als wär man gar nicht da.

VC:
Seien Sie nicht ungerecht! Pharmakonzerne sind schließlich
keine Wohltätigkeitsvereine. Wie sollen sie es wirtschaftlich
rechtfertigen, Millionen und Abermillionen von Dollar ihrer
Investoren in solch eine Forschung zu stecken, wenn es auf der
anderen Seite Alzheimer zu heilen gibt? Selbst Malaria, der größte

45

Killer von allen, ist nur von geringem Interesse, wenn es um echten Profit geht.

B:

Aber was ist mit der Krankheit, die für afrikanische und asiatische Kinder die größte Gefahr überhaupt darstellt, der zerebralen Malaria? Forschungen an der Duke University haben ergeben, dass NO, das im Gehirn produziert wird, eine schützende Wirkung hat: Gesunde Kinder weisen wesentlich höhere NO-Anteile auf als kranke Kinder. Erzählt man das einem Laien, kommt - wie aus der Pistole geschossen - immer die gleiche Frage: Wenn NO als natürlicher Schutzmechanismus fungiert, warum geben wir den Kindern dann nicht einfach Stickoxid? Die Antwort ist, dass wir noch nicht wissen, wie wir seine Eigenschaften zur Verhütung von Malaria nutzen können, ohne gleichzeitig die normalen neurologischen Abläufe zu beeinflussen.
(sieht VC an)

VC:
Was für eine Stunde.

B:
Noch eine Sache!

VC:
Das hat er auch schon gesagt!

B:
Er ja, aber ich nicht.

Falls der vorhergehende Text ausgelassen wurde, geht das Wortgefecht mit dem nachfolgenden Text weiter.

Lassen Sie mich schließen mit der Rolle, die NO bei der menschlichen Fortpflanzung spielt.

VC:
Ich dachte, damit hättet ihr schon angefangen.

B:
Nur ein Mann kann auf die Idee kommen, dass Fortpflanzung
mit der Erektion beginnt.

VC:
Sie hilft aber dabei.

B:
Praktisch ja ... indem sie dafür sorgt, dass ein Ei befruchtet wird.
Aber selbst das kann heutzutage auf anderem Wege bewerkstelligt
werden.

VC:
Aber das macht nicht so viel Spaß.

B:
Mir geht es um Effizienz und nicht um Spaß. Zum Beispiel wenn
man den Hoden Sperma entnimmt und ein einzelnes Spermium
in die Eizelle einer Frau injiziert.

VC:
ICSI ... intrazytoplasmatische Spermiuminjektion. Das kenn ja
sogar ich.

B:
In den letzten zehn Jahren sind über 100.000 Babies auf die Welt
gekommen, die durch dieses spezielle In-vitro-Verfahren gezeugt
wurden.

VC:
Und was hat das mit NO zu tun?

B:
Auf den ersten Blick gar nichts ... indirekt aber eine ganze Menge.
Seit der späten 90er Jahre des 20. Jahrhunderts beschäftigt sich
ein neuer Zweig der NO-Forschung mit seinen vielfältigen
Wirkungsmechanismen im Bereich der Fortpflanzung. Bei jeder
einzelnen Stufe spielen winzige Mengen von NO eine Rolle, sei es
bei der Spermienaktivierung, der Befruchtung, der ersten
Zellteilung, der Einnistung und sogar darüber hinaus. Zu wenig
oder zu viel NO kann gleichermaßen schädlich sein, und wie soll
man wissen, welches die richtige Menge für welche Anwendung
ist?

VC:
Welche Anwendungen meinen Sie?

A:
Zum Beispiel Geburtenkontrolle durch Beeinflussung der NO-
Produktion und die daraus resultierende Verhinderung des
Eisprungs ...

VC:
Die Wirkungsweise der Pille?

A:
Genau.

VC:
Selbst wenn das funktioniert, würde es mindestens 12 Jahre
dauern, bis man das vermarkten kann. Ihr dürft den Sicherheits-
faktor nicht vergessen.

A:
Oder man manipuliert die NO-Werte soweit, dass ein
Heranreifen und somit auch die Befruchtung verhindert wird.
Oder man könnte auch noch später einsetzen und das Einnisten
verhindern, und mit ihm die Schwangerschaft.

B:
Ich würde mich eher darauf konzentrieren, Schwangerschaften zu begünstigen, denn das ist momentan ein Aspekt von großem allgemeinem Interesse, besonders bei Frauen. Warum sollen NO-Modulationen nicht die Chancen für einen Eisprung oder eine Befruchtung erhöhen? Zu hohe NO-Werte können zu Zeugungsunfähigkeit führen, also könnte die Senkung der NO-Konzentration hier die Lösung sein. *(wendet sich an VC)* Das Schlüsselwort für all diese Anwendungen und auch für einige der anderen, die ich vorhin nannte, lautet "Modulation". Aber wir wissen noch nicht, wie man sie am effektivsten einsetzt.

VC:
Ich muss sagen, das sind schon sehr verheißungsvolle Zukunftsvisionen, die ihr hier in Aussicht stellt - und ich spreche nicht nur vom Bereich der Fortpflanzung. Aber ihr wolltet ja sicher keinen unkritischen Beifall hören.

A:
Tu dir keinen Zwang an!

Anmerkung: Falls die Spieldauer des Wortgefechts verkürzt werden soll, kann der nachfolgende Text ausgelassen werden.

VC:
Ich finde, es klingt fast zu überwältigend. NO scheint ja allgegenwärtig zu sein. Kein Bereich in der Physiologie der Wirbeltiere, den es nicht wenigstens streift. Das erinnert mich fast ein bisschen an die Prostaglandinen.
(Dia Nr. 20 wird gezeigt.)

B:
Kein übler Vergleich. Bergstrom, Samuelsson und Vane haben sich für diese Arbeit 1982 den Nobelpreis geteilt.

VC:

Sehen Sie? Sie sprechen vom Ruhm, während ich mir Gedanken um das Geld mache. Und an die Millionen und Abermillionen von Dollar denke, die von einigen Pharmabetrieben in die Prostaglandin-Forschung gesteckt wurden, ganz zu schweigen von den Tausenden von Arbeitsjahren, die hervorragende Wissenschaftler in der Forschung geleistet haben ... und all das für einen Profit, der nicht der Rede wert ist.
Nicht weil Prostaglandine unwichtig wären. Genau wie euer Stickoxid spielen auch sie eine große Rolle im Immunsystem, bei entzündlichen Prozessen, bei Arthritis und anderen Auto-Immun-Erkrankungen. *(Pause)* Selbst bei der Behandlung von Erektionsstörungen und Geburtenkontrolle. Ich könnte noch weitermachen, aber ich lass es lieber. Ihr weites Wirkungsfeld und ihr Mangel an Spezifizität haben ihre Anwendungsmöglichkeiten in der Medizin schließlich stark reduziert. Zumindest im Vergleich zu den anfänglichen Erwartungen.

B:
Aber Prostaglandine sind entscheidend für unser Verständnis einiger der wichtigsten biologischen Abläufe.

VC:
Ganz meiner Meinung.

Falls der vorhergehende Text ausgelassen wurde, geht das Wortgefecht mit dem nachfolgenden Text weiter. In diesem Fall fällt das erste Wort des folgenden Satzes weg:

VC:
(Aber) eure Frage lautete doch, ob ihr euch an die Industrie oder sogar an Risikounternehmen wenden sollt, um sie um Unterstützung für eure Forschungsarbeit zu bitten. Und ich rate dir als meinem Lieblingscousin dringend, von Letzteren die Finger zu lassen. Wir verlangen zu viel in einem zu kurzen Zeitraum. Die meisten Anwendungen, von denen ihr gesprochen habt, sind dafür noch nicht reif.

A:

Welche Anwendungen würden denn am ehesten Anklang bei den großen Pharmakonzernen finden?

VC:

Die mit den größten Aussichten auf Profit. Die Behandlung männlicher Potenzstörungen zum Beispiel.

B:

Und Migränebehandlung mit NOS-Inhibitoren? Oder Heilung von grünem Star durch Senkung des Augendrucks? Oder ...

VC:

Halt! Von Migräne und grünem Star war bisher noch nicht die Rede ... aber ich glaub Ihnen gerne, dass NO auch da Wunder wirken kann. Ja, das würde sie auch interessieren. Aber was die anderen Dinge betrifft: Sichelzell-Anämie, zerebrale Malaria und andere tropische Krankheiten ...
Bloß weil die großen Pharmabetriebe solche Projekte aus wirtschaftlichen Gründen nicht unterstützen, sollte das noch lange kein Grund für euch sein, nicht daran zu arbeiten. Im Gegenteil, das sind genau die Projekte, die ich auswählen würde. Entscheiden Sie sich für den Ruhm ... und die wahren Leiden der Menschheit. Sollen sich doch die Pharmabetriebe mit der kranken Gesellschaft herumschlagen.

A:

Was meinst du denn damit?

VC:

Wenn es sich die Menschen zu gut gehen lassen, werden sie krank. Sie werden fett und bekommen entweder Diabetes oder einen erhöhten Cholesterinspiegel. Also stellen wir gewichtsreduzierende Mittel her, hypoglykämische Medizin und Medikamente, die ihn wieder senken. Die Menschen leben dumm und unvernünftig und wir verkaufen ihnen Beruhigungsmittel. Tagsüber treiben sie sich mit Kaffee an und nachts nehmen sie unsere Schlaftabletten. Ich könnte die Liste ewig weiterführen, aber ich muss jetzt leider gehen.

B:
Wie lautet also Ihr Ratschlag?

VC:
Bleibt bei NO ... es ist ein faszinierendes Thema.

A:
Aber dazu brauchen wir Geld.

VC:
Haltet euch an die landläufigen Quellen, aber schreibt in euren Förderungsantrag unbedingt hinein, dass ihr tropische Krankheiten und Zeugungsunfähigkeit heilen könnt.

B:
Das stimmt doch gar nicht.

VC:
Noch nicht ... aber das braucht ihr ihnen ja nicht auf die Nase zu binden. (*steht von seinem Stuhl auf*) Ich muss jetzt gehen.

B:
(*sieht A an*) Das war mir alles ein bisschen zu ernst! Willst du?

A:
Von mir aus.

(*Er singt playback zum nachfolgenden Rap-Song von Erik Weiner, der von der CD-ROM abgespielt wird.*)

The N is for Nitric

It's the N to the O, you know, it don't stop
It's time to break it down in the form of hip-hop
The N is for Nitric, the O is for Oxide
It's gotta lotta scientists riled up worldwide

It's such a hot topic, you saw it today
In A and B and VC's horseplay
And here we are, ya'll, nearly at the end of it
But before we go we want to recall all the benefits
If you take notes, you can use your pen, so
Once again, the key applications of N-O:

Number 1, they made it very clear in the first section
That without the N-O, you would get no erection
And without the erection there would be no humpin'
So that's gotta tell you N-O is useful for somethin'

Number 2, N-O is healing, yes, it rocks
It's a possible treatment of septic shock
Number 3, guess who gives your body protection?
By somehow fighting off parasitic infections
Did you guess N-O? Well, then you were right
If you didn't you were wrong, thanks for playing,
goodnight

Number 4, here's some more information
It combats cell pro-lif-er-ration

Number 5, look alive, because you feel great
That's because N-O helps your blood vessels dilate
It's the N to the O, you know, it don't stop
It's time to break it down in the form of hip-hop
The N is for Nitric, the O is for Oxide
It's gotta lotta scientists riled up worldwide

Number 6, N-O is a neurotransmitter function
That means if you spot someone hot at a luncheon
And your brain tells you that you've just got to do
somethin'
N-O helped you out and now you're heart is just pumpin'
You approach and your blood is flowin' like a river
You can also thank N-O for that because it helps deliver
And regulate your blood flow so you don't go
Straight to heaven, that was number 7, in case you're slow

Number 8, now who woulda thought from the start
That N-O would then go and help the heart
It treats cardiac conditions through vasodilation
'Cause it's liberated by nitroglycerin administration
I know that's a mouthful, but, yo, it's not doubtful
That N-O's more exciting than Gwyneth Paltrow

Number 9, almost done, c'mon, we're on a roll
N-O could be useful in birth control
And on the flip side, there's a high possibility
That it could even help improve fertility
That's right, N-O has a hand in human reproduction
We're almost at the end, no need for introduction

Because in conclusion, it's no illusion
That N-O is a powerful helpful solution
To many different problems and needs of the body
Sometimes it does nice things, and sometimes naughty
Who woulda thought we'd start all these talks again
From one atom of Nitrogen, one atom of Oxygen
If someone says, "Nitric Oxide" now you know
You can tell them like Nancy Reagan to "Just Say N-O."

Beschreibung der Dias auf der CD-ROM

Abbildung Nr. 1:
Der Text des Prologs, der eine kurze Zusammenfassung der Entstehungsgeschichte von Stickoxid beinhaltet.

Abbildung Nr. 2:
Chemische Formel für Stickoxid.

Abbildung Nr. 3:
Katalytische Zerstörung des Ozons in der Stratosphäre: Stickoxid (NO) findet sich in winzigen Mengen in der Stratosphäre. Wenn NO auf Ozon (O3) stößt, entstehen NO2 und O2. Wenn eines der entstandenen NO2-Moleküle auf ein O-Atom stößt, entstehen O2 und NO. Das neu entstandene NO wiederum löst die Umwandlung von O3 und einem Sauerstoff-Atom in zwei Dioxygen-Moleküle aus. Da NO als Katalysator fungiert, kann ein einziges Stickoxid-Molekül viele Ozon-Moleküle zerstören.

Abbildung Nr. 4:
Chemischer Aufbau von drei verschiedenen Formen von NO: neutrales Stickoxid, ein positiv geladenes Nitrosonium-Ion und ein negativ geladenes Nitroxyl-Anion.

Abbildung Nr. 5:
Liste einiger Methoden zum Nachweis von Stickoxid.

Abbildung Nr. 6:
Chemischer Aufbau der Aminosäure Arginin – einer Stickoxid-Quelle, die zu dessen Entstehung im lebenden Organismus führt.

Abbildung Nr. 7:
Chemischer Aufbau der Zwischenprodukte bei der biochemischen Umwandlung von Arginin über Hydroxyarginin und Zitrullin zu Stickoxid.

Abbildung Nr. 8:
Röntgenstrukturen der monomeren (oben) und dimeren (unten)
Formen der Hämoprotein-Stickoxid-Synthase.

Abbildung Nr. 9:
Bildliche Darstellung von zwei Häm-Substrukturen, die über eine
Kette von 30 Aminosäuren miteinander verbunden sind, an die
wiederum das Protein Kalmodulin (das zur Biosynthese von
Stickoxid nötig ist, die durch Kalzium ausgelöst wird) gebunden
ist.

Abbildung Nr. 10:
Liste von drei Stickoxid-Synthasen: die endotheliale (eNOS),
die induzierbare (iNOS) und die neuronale (nNOS) Enzyme,
welche die Oxidation (siehe Abbildung Nr. 7) von Arginin zu
Stickoxid auslösen.

Abbildung Nr. 11:
Bildliche Zusammenfassung, wie Stickoxid (in rot) das Enzym
Guanylat-Cyclase stimuliert, das Guanosin-Triphosphat (GTP) in
den echten Neurotransmitter zyklisches Guanosin-Monophosphat
(cGMP, in blau) zu verwandeln, was die Erschlaffung der glatten
Muskelzellen und eine erhöhte Blutzufuhr bewirkt. Ebenso ist
der Zerfall von cGMP durch das Enzym Phosphodiesterase 5
(PDE5, in grün) in Guanosin-Monophosphat (GMP)
veranschaulicht ein Prozess, der die durch cGMP eingeleitete
Erschlaffung der glatten Muskelzellen verhindert.

Abbildung Nr. 12:
Bildliche Darstellung der auf Abbildung Nr. 11 gezeigten
Vorgänge im Schwellkörper (Corpus cavernosum) des Penis, wo
sie erhöhte Blutzufuhr bewirken und schließlich zur Erektion
führen. Ebenfalls dargestellt ist, wie Viagra (in lila) das
Spaltenzym PDE5 (in grün) hemmt, dadurch ein anhaltendes
Vorkommen von cGMP (in blau) gewährleistet und somit für eine
längere und stärkere Erektion sorgt.

Abbildung Nr. 13:
Zusammenfassung einiger der wichtigsten Stufen bei der Synthese von Viagra und Darstellung der chemischen Strukturen.

Abbildung Nr. 14:
Darstellung der chemischen Modifikation der Hauptverbindung (Zaprinast) zu Sildenafil (Viagra). Besonders zu beachten ist hierbei, dass beim Übergang von Zaprinast zu Pyrazolopyrimidon ein Stickstoff-Atom (in rot) entfernt und ein zusätzlicher stickstoffhaltiger 6-gliedriger Ring (unten auf der Abbildung) zu Viagra hinzugefügt wird.

Abbildung Nr. 15:
Darstellung der chemischen Strukturen bei der Aufspaltung von Nitroglyzerin, um Stickoxid zu gewinnen.

Abbildung Nr. 16:
Chemischer Aufbau einiger neuentdeckter Stoffe, die Stickoxid freisetzen ("NONOate" oder "Diazeniumdiolate") und in denen zwei NO-Strukturen aneinander gebunden sind.

Abbildung Nr. 17:
Chemischer Aufbau des Häm-Anteils in Hämoglobin, wobei dargestellt wird, wie das zentrale Eisen-Atom (Fe) sowohl Sauerstoff als auch Stickoxid zu binden imstande ist.

Abbildung Nr. 18:
Verwandlung von Stickoxid in ein Nitrat-Anion.

Abbildung Nr. 19:
Chemischer Aufbau fünf verschiedener Derivate (2-6) von Arginin (1), welche die Biosynthese von NO aus Arginin durch die Stickoxid-Synthase (NOS) wirksam verhindern können.

Abbildung Nr. 20:
Chemischer Aufbau eines typischen Prostaglandins einer Gruppe modifizierter Fettsäuren, die an einen 5-gliedrigen Ring gebunden sind. Bei Wirbeltieren fungieren die Prostaglandine als Boten sowohl im Bereich der Reproduktion als auch bei entzündlichen Prozessen als Reaktion auf Infektionen. Aspirin hemmt ihre Biosynthese.

Abbildungen Nr. 21-24:
Der Text des Rap-Songs "The N is for Nitric", geschrieben und gesungen von Erik Weiner.

DANKSAGUNG

Die Abbildungen auf der begleitenden CD-Rom sind ein wichtiger Bestandteil des Wortgefechts. Unser herzlichster Dank geht daher an Valerie Laszlo für die Erstellung der Zeichnungen und an Dr. Rodney Schreiner (University of Wisconsin in Madison) für die nötigen Korrekturen. Professor Jack Lancaster (University of Alabama in Birmingham) und Professor Michael Marletta (University of California in Berkeley) zwei geniale Forscher, die sich schon seit langem mit NO beschäftigen, waren so freundlich, uns ihre Geduld und ihr Wissen zur Verfügung zu stellen. Vom Stifterverband für die deutsche Wissenschaft erhielten wir wichtige finanzielle Unterstützung für die Erstellung der CD-Rom, die jedem Exemplar beigelegt ist, wofür wir uns ebenfalls sehr herzlich bedanken wollen. Und schließlich sind wir Erik Weiners Kreativität zu Dank verpflichtet. Sein RAP ist eine schlüssige Zusammenfassung unseres Wortgefechts, in dem er ebenfalls Wissenschaft und Kunst miteinander verbindet.

NO

A pedagogic wordplay for three voices with audiovisuals,
instructive and enjoyable, with RAP-Song by Erik Weiner

Authors

Carl Djerassi, novelist, playwright and professor of chemistry emeritus at Stanford University, is one of the few American scientists to have been awarded both the National Medal of Science (for the first synthesis of an oral contraceptive) and the National Medal of Technology (for promoting new approaches to insect control). He has published short stories (*The Futurist and Other Stories*), poetry (*The Clock runs backward*) and five novels (*Cantor's Dilemma; The Bourbaki Gambit; Marx, deceased; Menachem's Seed; NO*) – that illustrate as "science-in-fiction" the human side of science and the personal conflicts faced by scientists – as well as an autobiography (*The Pill, Pygmy Chimps and Degas' Horse*) and a memoir (*THIS MAN'S PILL: Reflections on the 50th birthday of the Pill*).

During the past 7 years he has focused on writing "science-in-theatre" plays. The first, *AN IMMACULATE MISCONCEPTION,* opened at the 1998 Edinburgh Fringe Festival and was subsequently staged in London, San Francisco, New York, Vienna, Cologne, Munich, Sundsvall, Stockholm, Sofia, Geneva, Seoul and Tokyo. The play has been translated into 8 languages and also published in book form in English, German, Spanish and Swedish. The BBC broadcast the play in 2000 as "play of the week" on the World Service and the West German Rundfunk (WDR) and Swedish Radio did so in 2001. His second play, *OXYGEN,* co-authored with the Nobel laureate Roald Hoffmann, premiered in April 2001 at the San Diego Repertory Theatre and has subsequently been staged in Würzburg and other German cities, in London, Seoul, Toronto, Columbus (Ohio), Tokyo, Madison (Wisconsin), Wellington (New Zealand) and many other venues. Both the BBC and the WDR broadcast the play in December 2001 around the centenary of the Nobel Prize – one of that play's main themes. It has so far been translated into 7 languages with 2 others underway and has already appeared in book form in English, German, and Korean.

His third play, *CALCULUS*, dealing with the famous Newton-Leibniz priority struggle, opened in 2003 in San Francisco, Vienna and Munich while his fourth play, *EGO*, is scheduled to open at the 2003 Edinburgh Fringe Festival.

In addition, he has also embarked on writing pedagogic wordplays on scientific topics that are aimed at classrooms rather than theatres. The first, *ICSI – Sex in an Age of Mechanical Reproduction*, (Deutscher Theaterverlag, Weinheim 2002) has already been used extensively in colleges and high schools in the USA, Germany and Austria. The second, NO, was written jointly with Pierre Laszlo.

Djerassi is the founder of the Djerassi Resident Artists Program near Woodside, California, which provides residencies and studio space for artists in the visual arts, literature, choreography and performing arts, and music. Over 1200 artists have passed through that program since its inception in 1982. Djerassi and his wife, the biographer Diane Middlebrook (professor emerita at Stanford University), live in San Francisco and London.

(There is a Web site about Carl Djerassi's writing at http://www.djerassi.com)

Pierre Laszlo, a French science writer and Professor of Chemistry emeritus at the University of Liège (Belgium) as well as the École polytechnique (Palaiseau, France) – with earlier positions at Princeton University and the Université d'Orsay and visiting professorships at the Universities of Connecticut, Kansas, California (Berkeley), Chicago, Colorado, Johns Hopkins, Lausanne, Hamburg, Toulouse and Cornell – is especially known for his extensive publications in the fields of nuclear magnetic resonance methodologies and the catalysis of organic reactions by modified clays.

As a science writer, in addition to 10 scientific monographs and textbooks, he has authored in France a dozen books to communicate chemical science to the general public for which he received in 1999 the Maurice Pérouse Prize from the Fondation de France. His latest published books are *Qu'est-ce que l'alchimie?* (Hachette Littératures-Pluriel, Paris, 2003), *Les odeurs nous parlent-elles?* (Le Pommier, Paris, 2003), *L'architecture du vivant* (Flammarion, Paris, 2002), *Pourquoi la mer est-elle bleue?* and *Peut-on boire l'eau du robinet?* (Le Pommier, Paris, 2002), *Salt. Grain of Life* (Columbia University Press, New York, 2001 and HarperCollins, New York, 2002), *Terre & eau, air & feu* (Le Pommier, Paris, 2000), *Miroir de la chimie* (Le Seuil, Paris, 2000), *Le savoir des plantes* (Ellipses, Paris, 2000), *Chemins et savoirs du sel*, (Hachette Littératures, Paris, 1998), *La découverte scientifique*, (PUF-Que sais-je?, Paris, 1999), and *Le savoir des plantes*, (Ellipses, Paris, 1999).

Laszlo and his wife, the graphic artist Valerie Annette Jann, live in Sénergues, France and in Pinehurst, North Carolina, USA.

(There is a Web site about Pierre Laszlo's writing at **http://pierrelaszlo.net**)

Foreword
Science Theatre in the Classroom

It is recognized universally that the gulf between the sciences and the other cultural worlds of the humanities and social sciences is increasingly widening and that any attempt to narrow it should be welcomed. "Pedagogic wordplays" constitute a novel attempt along those lines.

In our formal written discourse, we scientists never use the dialogic form – in fact we are not permitted to use it. Yet pedagogically, dialog is frequently much more accessible and – let us be frank – also more entertaining. The purest dialogic form of literature, of course, is drama. And while until just a few years ago virtually no science has found a place in modern theatre, the situation is gradually changing as evidenced by the appearance since the middle 1990s of a number of "science-in-theatre" plays that have made it to the commercial stage (including three by one of the present authors). But people go to the theatre to be entertained and any pedagogic motive must be downplayed, if not totally hidden, to ensure that such plays are accepted on their theatrical merits.

That restriction obviously does not apply to the classroom, but on the other hand, to be used widely, the operational aspects must be extremely simple so as not to involve expensive or time-consuming preparations. Pedagogic "wordplays" that are meant to be read aloud rather than learned by heart are a possible solution; and if packaged within the time-constraints of a standard school lecture, they can easily be inserted into almost any high school or college/university lecture curriculum. And by including all audiovisual material in a CD ROM accompanying the text, the operational aspects are enormously simplified as they then require only suitable projection equipment, which is available in most classrooms.

The first such pedagogic wordplay for two voices, *ICSI – Sex in an Age of Mechanical Reproduction*, focused on recent advances in reproductive biology and thus was envisaged primarily for an audience interested in biological or ethical/moral issues. The contents were presented in the form of a staged reading of a simulated TV interview – a form of "Wortgefecht" – by two persons using audiovisuals consisting of slides and a short video. Its main purpose was to stimulate active debate by the audience around the ethical issues created by the proposition that in the future, **fertile** couples will start to use the techniques of assisted reproduction for having children. For classroom settings, it was recommended that student volunteers rather than the teacher/lecturer read the roles of the two characters. Ideally, the teacher's function should be minimal and focus on facilitating the subsequent discussion on the part of students.

These recommendations also apply to the present wordplay, *NO*, which is structured for three voices and does so in the guise of a discussion on how to raise money for a "hot" research topic – in this instance the biological applications of nitric oxide (NO). As setting, we chose a research grant discussion, because we felt that it would also be useful for students to be exposed to an increasingly vexing aspect of contemporary research: the quest for money to support research and the possible compromises that sometimes accompany such search for funds. But why did we pick nitric oxide as the scientific topic?

We are both chemists and hence wanted to select a chemical topic for this wordplay, which at the same time demonstrates the central role of our discipline in the increasingly interdisciplinary nature of most contemporary research with practical applications. We decided to pick an extremely "hot" topic (consider that no less than two Nobel Prizes were awarded for research in this field within four years!) with enormous biological applications, that has resulted in the appearance of many thousands of research papers during the past dozen years, including even specialized journals specifically dedicated to Nitric Oxide. Indeed, we had so much material to choose from that, at times, we had heated discussions between us as to precisely which topics to include or leave out. And while the chemistry seems simple, the underlying biochemistry is more complex. Knowledge of that underlying science is essential if one wishes to truly understand how such an exceedingly simple molecule can produce such an amazing array of different biological effects in the body. No wonder that we start our presentation with the question, "For instance, would you like to find out how Viagra works?" If your answer is "yes!" then you must look to NO for an explanation.

While presentation of the material in a class or lecture through the reading performance of three students is clearly attractive, we see a wider use of our paperback, which is another reason why it is made available within a single volume in three languages. We feel strongly that our pedagogic wordplay can also be used as a "book" – to be read by the reader in private at the reader's leisure and pace – with continuous reference to the audiovisual material that is included in the CD ROM. Why insist that reading material in science must always be limited entirely to a monologist style? Why not benefit from the intrinsic human element of a dialog, or even trialog?

Time constraints caused us to focus more on the didactic than human aspects of scientific research. Yet cutting-edge research – far from being cut and dry – is intensely human, fueled by curiosity and collegiality as well as peppered by fierce competition. Hence, for us the ultimate "human" bonus of our wordplay is to illuminate, however briefly, the complexity and wonder of much of contemporary research.

Cast of Characters

Dr. A: Chemically oriented biochemist (originally organic chemist), male, early 30s.

Dr. B: Biologically oriented biochemist (originally cell biologist), female, early 30s.

Mr. VC: A venture capitalist.

Time: The present.

Setting: Table with three chairs, blackboard to one side, screen back center or to one side.

Technical details: The "play" requires the occasional brief display of slide images via a standard slide or overhead projector or PowerPoint presentation.

Pedagogic Function

This play is written for classroom use in lieu of a conventional 50-minute lecture and is envisaged as a staged reading by three persons using audiovisuals provided in the accompanying CD.

Prologue

(The following material, in the form of a broadsheet, is reproduced in Slide 1. It should be projected before the start of the actual wordplay so that the audience will have read it while still assembling and before the actual dialog has started, thus saving performance time.)

COME YE ALL

Come hear the glorious story of NO, otherwise known as nitric oxide, and learn how biochemistry builds on the firm foundation of chemistry. Listen to how NO has revolutionized biology in recent years.

It all started in Flanders with the alchemist Jan Baptist van Helmont. He reported in 1648 a "spiritus sylvestris" from attack by nitric acid on metals such as copper. Of course he had no idea what he'd made. Joseph Priestley in 1774 in England showed this gas, which he called "nitrous air," to be a single chemical. Henry Cavendish in 1785 found that it consisted of nitrogen and oxygen. Only in 1800 did the Romantic genius Humphry Davy and shortly thereafter Joseph Louis Gay-Lussac in France establish its composition and refer to it as nitric oxide.

But who should get credit for the actual discovery: one of the great 18th century pneumatic chemists of England or his French counterpart Gay-Lussac? Or van Helmont with his "spiritus sylvestris" ? Hardly. Many favor Priestley, who realized that he had isolated a new substance with properties that differentiated it from oxygen – yet he called it "nitrous air" and saw it as nitric acid surcharged with phlogiston. It was left for Davy to refer to it first as "dephlogisticated nitrous air" and for Gay-Lussac to finally call it "oxyde d'azote" in other words nitric oxide.

So who is the discoverer? For that we'd first have to agree what discovery means: Doing it first? Publishing it first? Or understanding it first? Since there is no black and white answer, let us move to contemporary times, when the story of NO becomes vital. For instance, would you like to find out how Viagra works?

Scene 1

The two scientists sit in a café facing each other on two sides of a table covered with a paper table-cloth and a paper napkin holder. They are drinking coffee and are dressed informally, possibly even in jeans

A:
First ... we need money. Otherwise, it's no go!

B:
... The love of money is the root of all evil. ... (*Pause*) 1 Timothy 6.10. (*laughs*) The Bible says so!

A (*dismissive*):
I'm talking about the <u>need</u> for money ... not <u>love</u>. Timothy was no scientist. Or he would've said, ... Grant applications are the root of all evil. ...

B:
I hate begging for money ... for research!

A:
Welcome to the 21st century! (*takes sip of coffee*) So let's start on NO.

B:
Just a few years ago, this would've been crazy. Fund a collaboration between a chemist and a biologist ... on nitric oxide?

A:
Especially when most people still confuse nit<u>ric</u> with nit<u>rous</u> oxide ... and assume we're interested in laughing gas.

B:
And roll their eyes when they learn that nit<u>ric</u> oxide ... as an industrial gas and environmental pollutant ... is toxic! Now we've come full circle ... with NO a panacea for God knows how many medical problems. (*Pause*) Which biological function of NO should we pick?

A:
Penile erection.

B:
Typical male response.

A:
That's hitting below the belt.

B (*jocular*):
You'll recover.

A:
I was thinking of grantsmanship. Penile erection in the title is bound to stand out.

B:
Many other catchy applications would also do that.

A:
Such as?

B:
Migraine, for instance, where NO plays a role. Just thinking of writing our grant application gives me one! (*Pause*). But let's pretend we're sitting here with another couple ... non-scientists ... who innocently joined us for coffee.

A:
What's that got to do with our research proposal?

B:
Assume one of them asks us what we're working on –

A:
And we give him or her a tutorial on nitric oxide? (*ostentatiously looks at watch*) We're wasting time.

B (*sharply*):
We're not! It's good discipline ... explaining it to the taxpayer ... and then putting it into language for a grants committee. Let's give it a try.

A (*reluctantly*):
Okay ... but let's make it snappy. Where do we start?

B:
I'd suggest with simple chemistry.

A:
Even that will require pencil and paper ... or slides ... or a blackboard.

B:
The eternal plight of chemists unable to explain what they do in simple words! Let's pretend we've only got those napkins.

A:
How about the tablecloth? It's also paper.

B:
Too large! I'm hooked on napkins ... they force you to be concise.

A:
What about conciseness for you biologists?

B:

First, we've got to start with chemistry. Explain why one of the very simplest known molecules ... made of just one nitrogen and one oxygen atom ... fulfills so many functions.
(*pretends to draw NO on napkin. Image of slide No. 2 appears on screen*).
And then proceed to tell them all the awful things automobile emissions cause: acid rain ... destruction of the ozone layer –
(*projects slide No.3*)

A:

And thus feed the public's chemophobia? At least show them that NO is a bit more complicated than you drew it here.

B:

Okay ... okay! It can exist as a neutral, positively or negatively charged species.
(*reproduces neutral, negatively charged and positively charged forms on the same napkin, which is displayed on screen in slide No. 4*)

A:

First, how would you explain the environmental damage caused by NO?

B:

In a few words ... in a café?

A:

On one napkin!

B:

Go ahead, you do it.

A:
We could tell them how NO is made now ... not deliberately, but inadvertently ... on a scale of tens of millions of tons from the burning of fossil fuels. How it is released into the environment by automobiles and diesel engines.

B:
I know ... the main cause of acid rains as well as a major health hazard. (*Pause*) But we're wasting time!

A:
It's not a waste. How many people realize that while NO has been known for a couple of centuries, its <u>real</u> role was only discovered less than two decades ago? Give me one minute ... maximum two!

B:
Even after a couple of minutes, your coffee buddy would be yawning. In fact, even chemists would yawn ... they aren't interested in history.

A:
In that case, let me overcome those yawns by teasing them a bit. Mentioning that NO is produced by an extraordinary range of species ... from fruit flies ... chickens ... trout ...

B:
Stop! First we should point out that humans also produce NO continually in the body ... yet this wasn't discovered until the late 1980s. The obvious questions are ... how come we didn't know that before ... and why are we making the stuff in the first place?

A:
In that case start by saying that the half-life of NO in the body is only a few seconds ... and for that, ever more sophisticated sensors had to be devised first.

B:
But how will you explain detection of minute amounts of nitric oxide within a cell?

A:
I'll just list the methods currently used. Otherwise, we'll need a dozen napkins.
(*projects slide No. 5*)
And now it's your turn to tell how a cell makes nitric oxide. But no table-cloth ... napkins only.

B:
I'll start by blowing my biological horn. While you chemists make this molecule through some simple reactions ... be it as a few hundred years ago from the action of nitric acid on metals ... or later by electric discharges in air –

A (*interrupts*):
Don't forget the huge amounts of NO made in internal combustion engines by burning gasoline in air that contains so much nitrogen –

B (*interrupts*):
Quiet! It's my turn. We have to remind even chemists that our body uses an intricate sequence of reactions to produce this most simple of diatomic molecules. So let's start with arginine. Or should I start even earlier and explain what an amino acid is?

A:
If you do that, we'll never finish. Just draw the structure of arginine on a napkin ... . Like this.
(*Does so through projection of slide No. 6*)
Or else say quickly that arginine is one of the 20 natural amino acids from which all proteins are made. And then show how it is first oxidized to hydroxyarginine and then further to citrulline ... which, for our purposes, is now garbage ... and nitric oxide.

(Summarizes these three structures on slide 7, which is projected at this stage)

B:
And that's all you would show?

A:
That's it.

B:

But who is doing all those oxidations ... at room temperature and in an aqueous environment? Some little chemist hidden in the cellular laboratory? We've got to talk about one of the cell's chemists ... the enzyme: nitric oxide synthase or ... for short ... NOS. That's the main character in the story, isn't it?

A:
And how will you avoid more yawns?

B:
I would call attention to the fact that during the last eight years nearly 20,000 scientific papers were written on NOS alone –

A:
All right. I'll allow you two napkins.

B:
Impossible! But I'll give your napkin allotment a try if you let me show a couple of color pictures I happen to have in my bag. *(reaches in her bag to produce some color pictures)*

A *(laughs)*:
You always carry such pictures with you?

B (*laughs back*):
You never can tell when they might come in handy. With such X-ray structures of the monomeric and dimeric forms of those heme proteins, the story jumps at you.
(*Projects slide 8*)

A:
Let me summarize what might otherwise sound like gobbledygook with just a simple slide.
(*projects slide 9*)
Oxidation of arginine via hydroxyarginine to citrulline and nitric oxide requires the enzyme NOS ... consisting of two heme molecules joined through a chain of 30 amino acids ... together with the calcium-binding protein calmodulin plus some co-factors that the coffee drinker would be too ignorant to understand. Period!

B (*jocular*):
Nice summary, leaving out quite a few fascinating details, but never mind! Yet I ... the biologist ... must point out that there are at least three nitric oxide synthases ...
(*projects slide No. 10*)
namely "neuronal", "inducible" and "endothelial" NOS.

A:
But why complicate matters?

B:
Because the multiple effects of NO ... some of which we'll draw upon in our application to justify the funding ... depend on which NOS is involved in the production of NO. For instance, the endothelial eNOS in the cell wall of blood cells operates in blood pressure regulation, while the neuronal nNOS is involved in nerve signaling. Incidentally, iNOS and nNOS are always present in the cell ... creating small puffs of the gas that diffuses rapidly out of the cell for quite a distance – with a velocity of say forty microns

per second – thus allowing it to reach quite a number of nearby cells.

A:
Which finally brings us –

B:
To the third form ... iNOS ... which in contrast to the other two is only turned on upon demand when an infection occurs. It's defense warfare with chemical weapons, where the weapon is nitric oxide shot at the invading forces.

A:
That's a good one to push in our grant application.

B:
It's time to illustrate how NO functions... how the various body parts respond to the NO signal.

A:
Only one napkin left! What about penile erection?

B (*laughs*):
I had no intention of serving Viagra in a café! This was only warm-up ... chemical and biochemical basics before we come up with health benefits. That's what we'll put into the research proposal ... and that we won't write in a café.

A:
In that case, we'll meet tomorrow in my office. By the way ... I'll be bringing someone along.

B:
Who's that?

A:
Trust me!

Scene 2

*Table and three chairs in university office of Dr. A, with screen
back center or to one side. A and B are sitting around the
conference table with papers and some books on table. VC enters*

VC *(approaches with outstretched hand)*:
I hope you haven't been waiting too long. *(turns to B)*
I understand you are about to partner.

B *(laughs self-consciously)*:
Only professionally.

VC *(looks around, bantering tone)*:
A rather Spartan office for a hotshot professor –

A *(shrugs his shoulders)*:
Welcome to impoverished academia ... you're not among affluent
venture capitalists. But thanks for giving us your valuable time this
afternoon ... free advice is hard to come by.

VC *(laughs)*:
Especially good advice. But you know why I'm here.

B:
Satisfying your curiosity ... or dispensing philanthropy?

VC:
Which do you prefer?

B:
Today? The former.

VC:
Then that's what you'll get from me.

A *(quickly, addressing B)*:
You should know he's also my cousin.

B:
I won't hold that against him.

VC (*laughs*):
That's pretty sharp repartee (*turns serious*) But since you don't know anything about me ... whereas I have heard plenty about you from my cousin, let me tell you briefly where I come from. (*turns to B*) I studied chemistry as an undergraduate ... then got an MBA and worked for nearly 14 years in financial affairs for a pharmaceutical company. And the last nine years, I've been with a venture capital firm in the health-care field.

B:
Each of us has done quite a bit of basic research in the nitric oxide field. But now ... every time you open a journal, some new unexpected biological effect of nitric oxide is announced –

A:
We decided to collaborate and to focus on medical applications.

B:
And explore which biological application will appeal to sponsors.

A:
In your opinion should we stick to the usual government grants or approach right from the outset industrial corporations or even –

VC:
Venture capitalists?

A:
Why not?

VC:
Be careful! Our priority is to make money ... on risky ventures. We're gamblers.

B:
But so are most research scientists ... in academia especially!

VC:
That's what you say. But your priority is to <u>spend</u> money ... <u>other</u> people's money ... not <u>make</u> it. Your pay-off is new knowledge and fame. (*Pause*) Still ... try tickling my fancy with some science. After all, that's why I came.

A:
Let's start with penile erection.

VC (*bantering*):
Causation ... or prevention?

B:
Both.

VC:
Prevention won't make you famous ... or rich! But causing it? (*short pause*) Just think of Viagra!

B:
Are you aware that nitric oxide is intimately involved with how Viagra works?

VC:
No.

B:
We've got some slides we can show you. But first, do you know what the corpus cavernosum is?

VC:
Never heard of it.

B:
It's the main erectile tissue of the penis.

VC:
I should have guessed ...

B:
It's long been known that some neurons in the corpus cavernosum promote erection, but nobody had found the trigger. Now we know that this tissue locally produces NO. Anyway, as you can see in the slide,
(*displays slide No. 11*)
the NO made in the neurons ... as well in the cell wall of blood vessels diffuses quickly into the smooth muscle of the corpus cavernosum, causing it to relax –

VC:
Relax? But don't you want it to – ?

A (*impatiently*):
Let her finish!

B:
As I was about to say, NO-mediated relaxation of the smooth muscle of the corpus cavernosum permits increased blood flow into the penis –

A:
And you end up with a stiff –

B (*quickly interjects*):
Penis.

VC:
So NO is the whole story?

B:
Biology is never that simple. NO ... produced in small amounts within the body ... is essential to penile erection ... because ... as the slide shows ... it stimulates the enzyme guanylate cyclase to

produce the real neurotransmitter, cyclic GMP. And that's the effective messenger, causing vasodilation and increased blood flow ... which is what you men are so concerned about. Let me illustrate this in color in the next slide.
(*displays slide No. 12*)
But while this molecule causes tumescence ... it also explains detumescence –

A (*interjects*):
... in functionally impotent men ... about 20 or 30 million in the US alone ... for instance, men suffering blood pressure problems ... having had prostate surgery ... and some diabetics. (*points to B*). Why don't you explain it?

B:
It's actually quite simple. As you already saw in the precedidng slide, an enzyme called PDE5 converts cyclic GMP to the inactive GMP. Therefore, men who do not produce enough new cyclic GMP ...

VC:
Or enough NO?

B:
Exactly. They either lose their erection too quickly, or do not get one firm enough to start with. But inhibition of PDE5 ... in this case through Viagra ... could help.

A:
And that's where the chemist comes in. Look at this slide with the chemical structure of Viagra.
(*displays slide No. 13*).
Of course, that image makes no sense to non-chemists, but you may still remember enough organic chemistry to see that it is a rather small molecule. It only takes 10 steps to make.

VC:
That's how they manufacture Viagra?

A:
They used to. These days, at least a couple of tons are made weekly in a completely automated process. But my point is that a relatively simple organic molecule ... one pill of sildenafil ... the generic name of Viagra ... inhibits this PDE5 initiated destruction of cyclic GMP.

B:
Now that we recognize nitric oxide as the Holy Grail to <u>normal</u> erection through promotion of blood flow into the penis ... we have two rational fixes for erectile dysfunction:
either create novel compounds releasing more NO and hence more cyclic GMP within the body ... or make even better inhibitors of PDE5 than Viagra to prevent rapid decay of the cyclic GMP already produced.

VC:
You scientists are always painting too rosy a picture. Is this how Viagra was invented ... by realizing that NO is the way our body says "yes"?

A:
Nearly twenty years ago ... two chemists at Pfizer in the U.K. – Simon Campbell and David Roberts – started research on new drugs for antihypertensive and antianginal therapy. Their approach was to find effective PDE5 inhibitors, to lengthen the action of cyclic GMP. Already in the early 1980s scientists were well aware that cyclic GMP relaxes the smooth muscle in the walls of blood vessels.

B:
And this was before anything was known about the production and biology of NO in the body!

A:
So they went cruising through the literature for new models. One of the first compounds they looked at, Zaprinast, is shown on the next slide.
(*projects slide No. 14*).
Modifying the 5-membered ring system of Zaprinast led to compound (**2**), and while this pyrazolopyrimidinone was a better PDE5 inhibitor in vitro, it was not good enough. But by the usual molecular modification –

VC:
A game at which the pharmaceutical industry beats you academics any day.

A:
My dear cousin! Please! I am praising chemists in general ... not just academics! One candidate among over 1500 compounds ... initially just called UK-92480 ... looked promising enough for trials on healthy male volunteers.

VC:
Let me guess: they were all blessed by firm erections!

A (*laughs*):
It wasn't quite that dramatic, but let's not waste our time on lascivious stories. They named it Viagra. While it turned out not to be a panacea for cardiovascular diseases, it ended up as a bonanza in the erectile dysfunction area. For many men, it has turned into a recreational drug!

B:
These clever chemists can now tailor-make compounds as NO-donors, since the more NO is generated, the more cyclic GMP there is.

VC:
Does this work?

B:
Theoretically, yes. For other medical conditions, such NO-donors had been used for many decades ... in a way for more than a century. Initially orally ... and now also with long-lasting skin patches. In the 19th century amyl nitrite vapors were shown to lower blood pressure. The same applied to ammunition workers in World War I exposed to nitroglycerin during manufacture of dynamite.

A:
But it was not suspected that such nitrites and nitrates decomposed to NO in the body or that NO signaled lowering of blood pressure, thus helping patients with angina pectoris. But now we know how they are converted into NO ...
(*projects slide No. 15*)
... and of course NO's connection to cyclic GMP, the actual molecule overcoming constriction of the coronary arteries.

A:
There is still a lot of research going on to find NO-donors, superior to nitric oxide itself ... for instance some novel types illustrated in the following slide.
(*projects slide 16*)

VC:
Why not administer arginine itself since it is the starting material from which the cell's enzymes make NO?

A:
Don't think that hasn't occurred to lots of people. Health food stores ... Chinese and others ... are full of preparations claiming every clinical benefit associated with the action of NO.

VC:
And?

A:
And nothing. They sell a lot of arginine ... . Just search the web under "arginine and impotence." You will face dozens upon dozens of web sites with headlines like "Arginine Outperforms Viagra." But this is mostly hogwash, because the cell goes to a lot of trouble to tightly regulate the amount of nitric oxide made. This is like trying to improve power distribution in a city by increasing the voltage of the electrical lines! There's plenty of power ... in this case, arginine ... but the crucial thing is the tight regulation of how that power is used.

Note:
If time needs to be saved in the actual performance of the wordplay, the following material can be skipped.

B:
I have an even more charming example for the putative benefits of arginine. Let me read you something from *"The Quarter Racing Journal."*

VC:
Anyone claiming to be a generalist browses through a lot of publications. But *"The Quarter Racing Journal?"* I've never heard of that one.

A (*laughs*):
Neither have I.

B (*pretends to be serious*):
You clearly don't follow the hot literature on nitric oxide ... or you don't ride horses ... or both. (*picks up paper*) The article by Dr. William E. Jones is entitled "Nitric Oxide Enhancers" and starts as follows. (*reads very quickly*) "In 1998, the Nobel Prize in Physiology or Medicine was awarded jointly to Robert F. Furchgott, Louis J. Ignarro and Ferid Murad for their discoveries concerning nitric oxide as a signaling molecule in the cardiovascular system." (*Looks up*). Now you have to admit while

that is not new, it's incomplete. They should have mentioned that Salvador Moncada played at least as important a role in that discovery and that he should have been so honored. But now listen to the sensational facts. (*resumes reading rapidly*) "A 21-year-old mare had colic surgery and subsequently a salmonella infection. To complicate things further, she developed a totally occluded thrombosed jugular vein due to the various intravenous injections given. Three months later, the poor mare was unable to walk without being forced." (*looks up*) After treating her for over a year with anti-inflammatory agents, then laser therapy, acupuncture, cold-water baths and other means, the owner began to think that only euthanasia would stop her suffering. But now listen! (*again reads quickly*) "He decided to try a new nutritional supplement ... a nitric oxide enhancer from a company in San Diego, California. The next morning the mare was found standing in her stall, her hind legs relaxed, and comfortably bearing her normal weight on her front legs. The dosing was continued at 12-hour intervals. Two days later the mare was so active that she knocked one of the shoes off her foot. Now everyone involved is taking a closer look at the therapeutic value of the nitric oxide enhancer supplements." End of story! (*puts down the paper, grinning for the first time*)
The nitric oxide enhancer causing this miracle was a mixture of arginine, glutamine and some vitamins and minerals. Are you still questioning the efficacy of arginine?

VC (*laughing*):
I'm glad it was a mare. God knows what would have happened with a stallion. (*looks first at B, then A*) What other lurid science have you got up your sleeve?

A:
Plenty ... but none so charming.

If above material is skipped, resume wordplay performance at this point

A:
So let me return to the effect of nitric oxide on blood supply ...
be it to the penis or the heart. But first, a word about another
blood component, the colorless platelets. (*Pause*). These platelets
aggregate when a blood vessel is damaged and then adhere to the
sides of the vessel ... like a Band-Aid on a wound. But in heart
attacks –

VC:
With me, you can say ... myocardial infarction. ...

A (*dryly*):
Thanks. Blood clots from aggregated platelets obstruct blood
vessels ... You seem to know all that. But here is the important
point: Nitric oxide, made by endothelial NOS ... not only relaxes
blood vessels and stimulates blood flow, but it also inhibits
platelet aggregation as well as their adhesion to cell walls.

B:
In other words ... NO is part of a clever feedback mechanism
involved in blood pressure control, and in defense against vascular
injury.

Note:
**If time needs to be saved in the actual performance of the
wordplay, the following material can be skipped.**

Which brings me to a puzzle summarized in the following slide.
(*projects No. 17*)
Hemoglobin ... the oxygen-transport protein in red blood cells ...
carries out transport and exchange of the two respiratory gases ...
oxygen and carbon monoxide ... but ... (*Pause*) it is also an avid
scavenger of NO! Jack Lancaster of the University of Alabama ...
with whom I spent my postdoc training ... has been grappling with
this problem for years. Why would Nature produce an extremely
short-lived messenger like NO immediately adjacent to a huge

reservoir of hemoglobin that will immediately gobble it up? Why set-up such a trap for NO before it has a chance to act?

VC:
The way you raise this question, you presumably know the answer.

B:
There are at least two. Jonathan Stamler at Duke University postulates that hemoglobin destroys NO by oxidizing it into nitrate ions ...
(*illustrate with slide 18, which is projected at this point*)
as well as packaging it as S-nitrosohemoglobin, to deliver it to another site and release it as needed.

A:
If true, one might pre-treat red blood cells with NO, and use them via blood transfusions in diseases where there is a deficiency of NO.

B:
I prefer Lancaster's answer. He found that hemoglobin <u>within</u> a red blood cell reacts with NO one thousand times slower than when <u>outside</u> the cell in the blood plasma. Hence, under normal conditions ... when hemoglobin is confined within the erythrocytes ... NO can exert its required physiological role, because its capture by hemoglobin is quite slow. But when the erythrocytes rupture, even small amounts of the released hemoglobin will rapidly consume all the NO and create havoc.

VC:
Because the blood vessels will constrict, since NO is now unavailable to relax them?

B:
That ... and because

If above material is skipped, resume wordplay performance at this poin

in the absence of NO, platelets will clog up the normally free-flowing blood vessels. This is both dangerous and painful ... typical symptoms associated with sickle-cell anemia.

VC:
So with nitric oxide – ?

B:
Exactly! Mark Gladwin and his group at the NIH took the most dramatic step: make sickle-cell patients inhale small amounts of NO gas ... just enough to saturate all the free hemoglobin in the blood ... so as not to sponge up all the NO that the body itself produces to maintain regular blood flow.

VC:
And if that works clinically ... you have the answer to treating sickle-cell disease?

B:
Some acute symptoms of the disease! But this shows you how basic research in the NO field blooms into clinical applications.

Note:
If time needs to be saved in the actual performance of the wordplay, the following material can be skipped.

A:
Why not tell him also about septic shock ... when bacterial toxins invade a body through infection after a serious wound or surgery? Over 300,000 cases reported in the USA each year ... with mortality reaching 50%. In intensive care units of American hospitals, septic shock is the number one cause of death.

B:
I was getting to that ... because it brings us to another key area ... the immune response ... where NO also plays a fundamental role. The body responds to a foreign invader with special cells ... the macrophages ... that kill the invader ... typically bacteria ... by ... to put it crudely ... either eating or poisoning them. The poison is NO, produced on demand by the macrophage defending the body... using still another NO-synthase, the inducible iNOS. Unfortunately, the high mortality stems from a drastic lowering of blood pressure due to the sudden flood of NO produced to kill the invader. A case of overkill!

VC:
How did people discover that function of NO?

A:
Michael Marletta ... a chemist, then at M.I.T... showed that the colossal amounts of nitrate found in urine after such immune-induced macrophage responses came from influx of excess nitric oxide.

VC:
So why not turn it off?

A:
A very logical question ... but easier asked than implemented. In principle, the answer ... again a chemical one ... is obvious. Make some NOS-inhibitors, based on the same principle that we discussed earlier with NO-releasers. Many NOS-inhibitors have been synthesized ... I have a slide here that gives some examples of compounds closely related to arginine ... the natural precursor in the body of NO.
   (*show slide No. 19*)
Several hundred papers have been published on that topic, but the results are mixed, because clinically sepsis is exceedingly complicated and the result of protection by NO ... of aggression

by NO ... and of NO-independent mechanisms. We haven't sorted them all out yet ... and perhaps we'll never get there ... but it's an intriguing area.

VC (*looks at his watch*):
It's time to wind up.

A:
Just one more example ... I promise to be brief. Mostly as a result of academic research, some beneficial applications of nitric oxide are opening up in parasitology and tropical diseases ... with long names such as schistosomiasis, leishmaniasis, toxoplasmosis, trypanosomiasis.... diseases caused by parasites, highly vulnerable to nitric oxide. They affect hundreds of millions of people in South America, Africa, and Asia.

B:
But the eyes of most executives of large pharmaceutical companies would glaze over at the suggestion of earmarking any of their tight research budget to such therapeutic targets.

VC:
Be fair! Pharmaceutical companies are not philanthropic organizations. How can they make an economic case for spending hundreds of millions of dollars of their stockholder's money on such research ... compared to say ... finding a cure for Alzheimer's disease? Even malaria ... the biggest killer of them all ... is of low interest ... when it comes to real profits.

B:
Yet consider one of the biggest killers of African and Asian children ... cerebral malaria. Researchers at Duke University have shown that NO produced in the brain exerts a protective action: healthy children have the highest NO levels and sick ones the lowest. Telling this to a layman always produces the expected question: if NO is a natural defense mechanism, why don't we give the kids nitric oxide? The answer is that we don't yet know

how to use this information solely for malaria protection without also affecting normal neurological functions. (*looks at VC*).

VC:
That was quite an hour.

B:
One more thing!

VC:
But that's exactly what he said!

B:
He did ... but not I.

If above material is skipped, resume wordplay performance at this point

Let me end with the role of NO in human reproduction.

VC:
I thought you people had started with it.

B:
Only men would think that human reproduction starts with penile erection.

VC:
It helps.

B:
Operationally ... initiating the provision of sperm to fertilize an egg? Sure ... but even that can now be accomplished through other means.

VC:
But not as pleasurably.

B:
I'm referring to efficiency ... not pleasure. For instance, aspirating sperm from the testis and injecting a single sperm into the woman's egg.

VC:
ICSI ... intracytoplasmic sperm injection. Even I know that.

B:
During the past decade, over 100,000 babies have already been born by this IVF procedure.

VC:
And what does that have to do with NO?

B:
Nothing directly ... and everything indirectly. Since the late 1990s, one of the newest areas of NO research has been disentangling its multiple role in reproduction. Very small amounts of NO are needed in everything from sperm activation ... to initiation of fertilization ... to early cell division ... to implantation ... even to steps beyond that. But the absence of NO ... or too much NO ... is bad ... and how to achieve the adequate level for a given clinical application is tricky.

VC:
What applications are you talking about?

A:
For instance, birth control by modulating NO production to prevent ovulation ...

VC:
The modus operandi of steroid oral contraceptives?

A:
Exactly.

VC:
Even if that approach works, it would take at least a dozen years to bring that to the market. Just think of the safety issues.

A:
What about tuning NO levels to prevent proper maturation and hence interfere with fertilization? Or at an even later stage ... preventing implantation and thus a pregnancy?

B:
I would focus on <u>improving</u> fertility ... an area of great current concern ... especially to women. Why not look at NO modulators to increase the chances for ovulation or fertilization? High levels of NO may contribute to infertility ... so reducing the NO concentration might help. (*turns to VC*) The key word for all of those applications ... and even some of the other ones I mentioned earlier ... is ... modulation. ... We don't yet know how to do that efficiently.

VC:
The prospects that you people brought up ... and I don't just mean in reproduction ... are alluring. But you didn't invite me for uncritical applause.

A:
Let's hear the buts.

Note:
If time needs to be saved in the actual performance of the wordplay, the following material can be skipped.

VC:
But ... they're almost too dazzling. NO seems so ubiquitous ... there isn't an area in vertebrate physiology that is not touched by it. It reminds me of the prostaglandins.
(*show slide No. 20*)

B:
Not a bad example: Bergstrom, Samuelsson and Vane shared a
Nobel Prize for that work in 1982.

VC:
You see? You're talking about fame ... while I worry about money.
About the hundreds and hundreds of millions of dollars expended
in prostaglandin research by certain pharmaceutical companies ...
not to speak of the millennia of cumulative man-years of
outstanding scientific work ... and all that for relative peanuts.
And not because prostaglandins are unimportant. Like your nitric
oxide, they're involved in the immune response, in inflammatory
processes, in arthritis, in other auto-immune diseases. (*Pause*).
Even in the treatment of erectile dysfunction and in birth control.
I could go on ... but I won't. Their wide range of activity ... their
relative lack of specificity ... in the end restricted their use in
medicine ... at least compared to the originally imagined prospects.

B:
But prostaglandins are fundamental to our understanding of some
of the most important biological processes!

VC:
Granted.

**If above material is skipped, resume wordplay performance at
this point**

VC:
But you started out asking whether you should turn to industry ...
or even venture capitalists for support of your academic research.
Let me urge you ... as my favorite cousin ... to forget venture
capitalists. We drive too hard a bargain ... and we have too short a
perspective. Most of the applications you mentioned aren't yet
ripe for that.

A:
What applications would appeal to big pharma companies?

VC:
The ones with the biggest pay-offs. For instance treating male impotence.

B:
What about treating migraines with NOS inhibitors? What about glaucoma ... by reducing intra-ocular pressure? What about –

VC:
Hold it! You hadn't even mentioned before migraine and glaucoma ... but I'll take your word for it that NO is also involved. Yes ... those markets would also interest them. But take others: sickle cell anemia ... cerebral malaria ... other tropical diseases. Just because the big pharma companies can't justify them on economic grounds is no reason for you not to work on them. On the contrary ... that's what I would pick. Stick to fame ... and to the true ills of mankind. Let the pharmaceutical companies serve as a corrective arm of society.

A:
What's that supposed to mean?

VC:
People self-indulge ... and become sick. They become obese ... and then turn into diabetics ... or get absurdly elevated cholesterol levels ... so we make weight reducers, hypoglycemic drugs, cholesterol-lowering agents. They lead silly lives ... and we sell them tranquilizers. They fuel their workdays with coffee ... and we provide them with sleeping pills. I could continue ... but I've got to go.

B:
So your advice is?

VC:
Stick to NO ... it really is fascinating.

A:
But for that we need money.

VC:
Stick to the traditional sources, but put into your grant
applications that you'll cure tropical diseases ... or solve infertility.

B:
And lie?

VC:
Not lie ... just don't volunteer how long it may take. (*rises from
his chair*) It's time to go.

B (*looks at A*):
This has been too serious! Will you?

A:
Why not?

(*The following RAP performed by Erik Weiner is heard via the
attached CD*)

The N is for Nitric

It's the N to the O, you know, it don't stop
It's time to break it down in the form of hip-hop
The N is for Nitric, the O is for Oxide
It's gotta lotta scientists riled up worldwide

It's such a hot topic, you saw it today
In **A** and **B** and **VC**'s horseplay
And here we are, ya'll, nearly at the end of it
But before we go we want to recall all the benefits
If you take notes, you can use your pen, so
Once again, the key applications of N-O:

Number 1, they made it very clear in the first section
That without the N-O, you would get no erection
And without the erection there would be no humpin'
So that's gotta tell you N-O is useful for somethin'

Number 2, N-O is healing, yes, it rocks
It's a possible treatment of septic shock

Number 3, guess who gives your body protection?
By somehow fighting off parasitic infections
Did you guess N-O? Well, then you were right
If you didn't you were wrong, thanks for playing, goodnight

Number 4, here's some more information
It combats cell pro-lif-er-ration

Number 5, look alive, because you feel great
That's because N-O helps your blood vessels dilate
It's the N to the O, you know, it don't stop
It's time to break it down in the form of hip-hop
The N is for Nitric, the O is for Oxide
It's gotta lotta scientists riled up worldwide

Number 6, N-O is a neurotransmitter function
That means if you spot someone hot at a luncheon
And your brain tells you that you've just got to do somethin'
N-O helped you out and now you're heart is just pumpin'
You approach and your blood is flowin' like a river
You can also thank N-O for that because it helps deliver
And regulate your blood flow so you don't go
Straight to heaven, that was number 7, in case you're slow

Number 8, now who woulda thought from the start
That N-O would then go and help the heart
It treats cardiac conditions through vasodilation
'Cause it's liberated by nitroglycerin administration
I know that's a mouthful, but, yo, it's not doubtful
That N-O's more exciting than Gwenyth Paltrow

Number 9, almost done, c'mon, we're on a roll
N-O could be useful in birth control
And on the flip side, there's a high possibility
That it could even help improve fertility
That's right, N-O has a hand in human reproduction
We're almost at the end, no need for introduction

Because in conclusion, it's no illusion
That N-O is a powerful helpful solution
To many different problems and needs of the body
Sometimes it does nice things, and sometimes naughty
Who woulda thought we'd start all these talks again
From one atom of Nitrogen, one atom of Oxygen
If someone says, ... Nitric Oxide ... now you know
You can tell them like Nancy Reagan to ... Just Say N-O ...

Description of slides contained in CD ROM

Fig. 1:
Text of Prologue consisting of brief history of nitric oxide.

Fig. 2:
Chemical formula of nitric oxide.

Fig. 3:
Catalytic destruction of stratospheric ozone:
Nitric oxide (NO) is present in trace amounts in the stratosphere.
When NO collides with ozone (O_3), the products are NO_2 and
O_2. When the resulting NO_2 molecule collides with an O atom, it
produces O_2 and NO. Since NO is regenerated, it catalyzes the
conversion of O_3 and an oxygen atom to two molecules of
dioxygen. Since NO acts as a catalyst, a single nitric oxide
molecule can destroy many ozone molecules.

Fig. 4:
Chemical structures of three forms of NO:
neutral nitric oxide; positively-charged nitrosonium ion; and
negatively-charged nitroxyl anion.

Fig. 5:
List of some analytical methods for the detection of nitric oxide.

Fig. 6:
Chemical structure of the amino acid arginine – the progenitor of
in vivo generated nitric oxide.

Fig. 7:
Chemical structures of intermediates in the biochemical
transformation of arginine via hydroxyarginine and citrulline to
nitric oxide.

Fig. 8:
X-ray structures of monomeric (top) and dimeric (bottom) forms of the heme protein nitric oxide synthase.

Fig. 9:
Graphic representation of two heme molecules connected by a chain of 30 amino acids to which the protein calmodulin (required for the calcium initiated biosynthesis of nitric oxide) is bound.

Fig. 10:
List of three nitric oxide synthases:
endothelial (eNOS); inducible (iNOS); and neuronal "(nNOS)enzymes" which catalyze the oxidation (see Fig. 7) of arginine to nitric oxide.

Fig. 11:
Graphic summary of how nitric oxide (colored in red) stimulates the enzyme guanylate cyclase to convert guanosine triphosphate (GTP) into the real neurotransmitter, cyclic guanosine monophospate (cGMP, colored in blue), which causes relaxation of the smooth muscle and thus increased inflow of blood. Also exemplified is the decomposition of cGMP by the enzyme, phosphodiesterase 5 (PDE5, colored in green), to guanosine monophosphate (GMP) – a process that results in the deactivation of cGMP-induced relaxation of the smooth muscle.

Fig. 12:
Pictorial representation of how the processes outlined in Fig. 11 operate on the erectile tissue (corpus cavernosum) of the penis, causing increased blood flow and penile erection. Also illustrated is the inhibition of the breakdown enzyme PDE5 (colored in green) by Viagra (colored in purple), thus ensuring the continuing presence of cGMP (colored in blue) and hence a longer and firmer erection.

Fig. 13:
Summary in terms of chemical structures of some key steps in the synthesis of Viagra.

Fig. 14:
Illustration of chemical modification of lead compound (zaprinast) to sildenafil (Viagra). Note especially the removal of one nitrogen atom (colored in red) of zaprinast to the pyrazolopyrimidone (center of slide) and the introduction of an extra nitrogen-containing 6-membered ring (bottom of slide) in Viagra.

Fig. 15:
Illustration in terms of chemical structures of the mode of decomposition of nitroglycerine to afford nitric oxide.

Fig. 16:
Chemical structures of some novel nitric oxide releasers ("NONOates" or "diazeniumdiolates") in which two NO moieties are bound together.

Fig. 17:
Chemical structure of the heme portion of hemoglobin illustrating how the central iron atom (Fe) can bind oxygen as well as nitric oxide.

Fig. 18:
Conversion of nitric oxide to nitrate anion.

Fig. 19:
Chemical structures of five different analogs (2-6) of arginine (1) that effectively block the biosynthesis of NO from arginine by nitric oxide synthase (NOS).

Fig. 20:
Chemical structure of a typical prostaglandin – a group of modified fatty acids attached to a 5-membered ring. In vertebrate tissues, prostaglandins are messengers involved in reproduction as well as in the inflammatory response to infection. Aspirin inhibits their biosynthesis.

Figs. 21-24:
Text of Rap song "The N is for Nitric" written and sung by Erik Weiner.

ACKNOWLEDGMENT

The figures contained in the accompanying CD ROM are an integral part of the wordplay. We express our deep appreciation to Valerie Laszlo for the designs and to Dr. Rodney Schreiner (University of Wisconsin at Madison) for necessary adjustments. Profs. Jack Lancaster (University of Alabama at Birmingham) and Michael Marletta (University of California at Berkeley) – two long-time wizards of NO science – generously and patiently allowed us to tap their expertise. Indispensable financial support for the production of the CD ROM inserted in each book was provided by the Stifterverband für die deutsche Wissenschaft, whom we thank heartily.

Last, but not least, we are indebted to Erik Weiner's creativity for the RAP song that represents a fitting conclusion to our pedagogic wordplay, combining as it does, science with art.

Théâtre scientifique pour la salle de classe

NO

Pièce à trois voix, aussi instructive que divertissante, nantie d'auxiliaires audiovisuels et d'une chanson RAP d'Erik Weiner

Les auteurs

Carl Djerassi, romancier, dramaturge et professeur de chimie émérite à l'université Stanford, est parmi le tout petit nombre de chimistes américains à s'être vus décerner tant la Médaille nationale de la science (pour sa première synthèse d'un contraceptif par voie orale) et la Médaille nationale de la technologie (pour sa promotion de nouvelles méthodes de lutte contre les insectes nuisibles). Il est l'auteur de nouvelles (*The Futurist and Other Stories*), de recueils de poèmes (*The Clock runs backward*), ainsi que de cinq romans (*Cantor's Dilemma; The Bourbaki Gambit; Marx, deceased; Menachem's Seed, NO*) – qui illustrent, sous la forme de "science-comme-fiction", l'aspect humain de la science, et les conflits personnels auxquels les chercheurs sont confrontés – ainsi que d'une autobiographie (*The Pill, Pygmy Chimps and Degas' Horse*), et d'un ouvrage de mémoire (*THIS MAN'S PILL, Reflections on the 50th birthday of the Pill*).

Durant ces sept dernières années, il s'est consacré à l'écriture de pièces de théâtre scientifique. La première, *AN IMMACULATE MISCONCEPTION*, eut sa première lors du Festival d'Edimbourg Fringe en 1998, et fut ensuite jouée à Londres, San Francisco, New York, Vienne, Cologne, Munich, Sundsvall, Stockholm, Sofia, Genève, Séoul et Tokyo. Cette pièce, traduite en huit langues, fut publiée en langues anglaise, allemande, espagnole et suédoise. La BBC la diffusa en 2000 comme "pièce de la semaine" sur son World Service et la radio nationale suédoise fit de même en 2001. Sa seconde pièce, OXYGEN, écrite en collaboration avec le Prix Nobel Roald Hoffmann, eut sa première en avril 2001 au Théâtre du répertoire de San Diego, et fut jouée par après à Würzburg et dans d'autres villes allemandes, à Londres, Séoul, Toronto, Columbus (Ohio), Tokyo, Madison (Wisconsin), Wellington (Nouvelle Zélande), et dans de multiples autres lieux. Tant la BBC que la WDR diffusèrent cette pièce en décembre 2001, en commémoration du centenaire du Prix Nobel

– qui se trouve être un thème majeur de cette pièce. Cette ...
uvre fut traduite jusqu'ici en sept langues, et deux autres
traductions sont en cours. Sa parution sous forme de livre existe
d'ores et déjà en anglais, allemand, et coréen. Sa troisième pièce,
CALCULUS, qui présente l'illustre querelle de priorité qui
opposa Leibniz et Newton, fut jouée en 2003 d'abord à San
Francisco, puis à Vienne et Munich, tandis que la quatrième
EGO, va s'ouvrir au Festival d'Edimbourg 2003 Fringe.

De plus, il s'est aussi lancé dans l'écriture de pièces de théâtre
pédagogique sur des thèmes scientifiques, visant les salles de
classe davantage que les théâtres. La première, *ICSI – Sex in an
Age of Mechanical Reproduction*, (Deutscher Theaterverlag,
Weinheim 2002) a d'ores et déjà été utilisée maintes fois dans des
universités et établissements d'enseignement secondaire aux
Etats-Unis, en Allemagne et en Autriche. La seconde, *NO*, fut
écrite en collaboration avec Pierre Laszlo.

Djerassi est le fondateur du Programme pour artistes-résidents,
qui porte son nom, près de Woodside, en Californie. Il offre des
stages et de l'espace en studio à des artistes des arts visuels, à des
écrivains, des chorégraphes, des comédiens et des musiciens. Plus
de 1 200 artistes y ont séjourné depuis ses débuts en 1982.
Djerassi et son épouse, la biographe Diane Middlebrook (elle aussi
professeur émérite à l'université Stanford) habitent San Francisco
et Londres.

(un site sur la Toile présente les écrits de Carl Djerassi:
http://www.djerassi.com)

Pierre Laszlo, écrivain scientifique français, professeur honoraire de chimie à l'université de Liège (Belgique), ainsi qu'à l'Ecole polytechnique (Palaiseau, France) – et dont les postes antérieurs furent à Princeton et à l'université d'Orsay, fut professeur-visiteur dans nombre d'universités, dont celles du Connecticut, Kansas, Californie (Berkeley), Chicago, Colorado, Johns Hopkins, Lausanne, Hambourg, Toulouse et Cornell – est connu surtout pour ses travaux en méthodologies de la résonance magnétique nucléaire, et en catalyse des réactions de la chimie organique par des argiles modifiées.

En tant qu'écrivain scientifique, outre une dizaine de monographies et de manuels d'enseignement, il publia en France une douzaine d'ouvrages de vulgarisation grand public, que récompensa en 1999 le Prix Maurice Pérouse de la Fondation de France. Ses derniers ouvrages parus sont *Qu'est-ce que l'alchimie?* (Hachette Littératures-Pluriel, Paris, 2003), *Les odeurs nous parlent-elles?* (Le Pommier, Paris, 2003), *L'architecture du vivant* (Flammarion, Paris, 2002), *Pourquoi la mer est-elle bleue?* et *Peut-on boire l'eau du robinet?* (Le Pommier, Paris, 2002), *Salt. Grain of Life* (Columbia University Press, New York, 2001), *Miroir de la chimie* (le Seuil, Paris, 2000), *Le savoir des plantes* (Ellipses, Paris, 2000), *Terre & Eau, Air & Feu* (Le Pommier, Paris, 2000), *Chemins et savoirs du sel* (Hachette Littératures, Paris, 1998), *La découverte scientifique* (PUF-Que sais-je?, Paris, 1999).

Laszlo et sa femme, la graphiste Valerie Annette Jann, vivent à Sénergues, France et à Pinehurst, Caroline du Nord, aux Etats-Unis.

(un site sur la Toile est consacré aux écrits de Pierre Laszlo: **http://pierrelaszlo.net**)

Avant-Propos
Un théâtre scientifique pour salle de classe

On s'accorde sur le fait que l'écart entre les sciences, d'une part, et cet autre monde culturel, les sciences humaines, ne fait qu'augmenter. Toute tentative pour le réduire doit être encouragée. C'est ce que nous faisons ici: le format de ces "dialogues pédagogiques" va dans ce sens.

Nous autres chercheurs ne faisons jamais appel à la forme du dialogue dans nos publications – cela nous est même interdit. Et pourtant, d'un point de vue pédagogique, un dialogue est souvent d'accès plus facile, et – pour être franc – plus attrayant. En littérature, la forme la plus pure du dialogue est bien entendu celui du théâtre. Alors qu'il y a seulement quelques années la science n'avait qu'un impact insignifiant sur le théâtre contemporain, la situation se modifie à vue d'œil, avec l'arrivée ces dernières cinq ou six années de bon nombre de pièces de "théâtre scientifique" , y compris dans des salles de spectacle commerciales. L'un des auteurs a déjà contribué trois titres à ce genre. Or, les gens vont au théâtre pour se divertir. Un auteur doit donc mettre la sourdine à toute visée pédagogique, voire l'étouffer, sous peine de voir la pièce rejetée, en dépit de tous ses autres mérites éventuels.

Une telle prohibition n'a pas de raison d'être dans une salle de classe. Par contre, la mise en scène doit alors y être réduite à l'essentiel: les préparatifs ne peuvent être onéreux ni en temps, ni en argent. Des "dialogues pédagogiques" conçus pour la lecture à haute voix, plutôt que pour être appris par cœur, sont une solution possible. S'ils cadrent avec l'horaire d'un cours standard, ils peuvent s'inscrire au programme des classes terminales des lycées, ou d'un premier cycle universitaire. De plus, de par l'inclusion d'auxiliaires audiovisuels sous forme d'un CD ROM d'accompagnement, les aspects opérationnels sont considérablement simplifiés. Ils ne requièrent, dès lors, qu'un équipement standard de projection, tel qu'on le trouve dans la grande majorité des salles de classe.

Le premier dialogue pédagogique ainsi conçu, pour deux voix, *ICSI – Sex in an Age of Mechanical Reproduction*, s'est centré sur les progrès récents en biologie de la reproduction. Il ciblait un public s'intéressant à des questions morales ou éthiques, outre son contenu biologique. Sa présentation simulait un entretien télévisé, entre deux personnages, et faisait appel à des documents audiovisuels, sous la forme de transparents et d'un bref clip vidéo. Son objectif premier était d'inciter à la discussion par le public des questions éthiques que soulèvent cette toute nouvelle notion: désormais des couples **fertiles**, pour avoir des enfants, feront eux aussi appel aux techniques de reproduction assistée. Pour l'utilisation en salle de cours, il était suggéré de faire appel, pour les deux rôles, à des élèves, volontaires pour cela, plutôt qu'à l'enseignant, ou à un autre adulte. Idéalement, lors d'une telle représentation, l'enseignant se limite à un rôle d'animateur de la discussion faisant suite au dialogue scénique.

Ces recommandations s'appliquent tout autant au dialogue ci-après, *NO*. Nous l'avons préparé à trois voix. Il prend la forme d'une discussion sur la meilleure manière de subsidier un thème de recherche brûlant – en l'occurrence, les applications biologiques de l'oxyde nitrique (NO). Nous avons eu l'idée de faire porter la discussion sur le financement de la recherche, afin que les élèves soient conscients d'un aspect parfois pénible de la science contemporaine: la chasse au contrat, et les compromis parfois délicats que les chercheurs doivent trouver afin d'obtenir un soutien matériel pour leurs travaux. Mais pourquoi avoir pris l'oxyde nitrique comme sujet de ce dialogue?

Nous sommes l'un et l'autre des chimistes. Nous souhaitions donc une thématique chimique. Nous voulions démontrer le rôle central de notre science dans des recherches, de plus en plus interdisciplinaires, débouchant sur des applications pratiques. Nous avons opté pour un sujet "très chaud" (dans la mesure où deux Prix Nobel en quatre ans vinrent distinguer les recherches dans ce domaine), aux énormes applications biologiques, qui a donné lieu à des milliers de mémoires originaux durant la dernière douzaine d'années; il existe même des périodiques consacrés exclusivement à cet oxyde nitrique. Notre documentation était surabondante à un tel point que nous avons eu des discussions animées quant aux exemples à sélectionner ou, au contraire, à rejeter. De plus, alors que la chimie sous-jacente est simple, la biochimie est plus complexe. Or, il est essentiel de connaître un peu ses résultats, c'est la condition sine qua non d'une compréhension de ce qu'une petite molécule aussi simple puisse avoir un tel éventail d'effets sur l'organisme, ce qui est tout-à-fait étonnant. Dès lors, il n'est pas surprenant que nous soulevions cette question, d'entrée de jeu: "Par exemple, voudriez-vous savoir comment fonctionne le Viagra?" Si votre réponse est "oui!", cela impose d'impliquer NO dans cette explication.

Nous espérons que cette présentation, par le biais d'une lecture en salle de classe, enthousiasmera les élèves. Mais nous escomptons une utilisation plus large du livret, ce qui est pourquoi nous le diffusons sous forme trilingue: anglais; allemand; et français, au sein d'un même volume, au prix modique. Nous sommes persuadés que ce "dialogue pédagogique" est propice aussi à la lecture – à la lecture chez soi par toute personne intéressée, à son propre rythme, et à son gré, – avec consultation plus ou moins simultanée des documents audiovisuels figurant dans le CD ROM qui accompagne le texte. Pourquoi donc les textes scientifiques devraient-ils être restreints à des monologues? Ne peut-on construire aussi sur l'aspect humain qui accompagne tout dialogue, toute conversation, comme ici entre nos trois personnages?

L'aspect humain? Notre pièce, pour des raisons didactiques, se focalise davantage sur la science. Cependant, les facteurs psychologiques lui donnent sa respiration. Lors de l'écriture du texte, nous avons souvent souhaité avoir pu les prendre davantage en compte; et montrer comment des gens jeunes, par l'âge ou en esprit, construisent la science. Nous aurions aimé faire sentir comment cette activité, qui est l'une des noblesses de l'humanité, bien loin d'être aride et desséchante, est chaleureuse, nourrie de controverses, carburant à la sueur et aux larmes, et, au bout du compte, intensément humaine. Cela sera pour une autre fois.

Personnages

Dr. A: Biochimiste tourné vers la chimie. Sa formation première se fit en chimie organique. De sexe masculin, il a une trentaine d'années.
Dr. B: Biochimiste tournée vers la biologie. Biologiste cellulaire de formation, elle a aussi une trentaine d'années.
M. C: Un investisseur.

Epoque
Contemporaine.

Décor
La scène se déroule dans un bureau meublé d'une table et de trois chaises, avec un tableau noir d'un côté, et avec un écran de projection au fond ou sur le côté.

Détail technique: la pièce nécessite la projection occasionnelle de transparents ou de diapositives, via une présentation en PowerPoint (ou au moyen d'un projecteur idoine).

Fonction pédagogique
Cette pièce est conçue pour la salle de classe, où elle prendra la place d'un exposé de 50 minutes, sous la forme d'une lecture à trois voix, assistée par la projection des documents audiovisuels fournis dans le CD d'accompagnement.

Prologue

(Le texte qui suit, celui d'une affiche, est reproduit sur la dia 1. Il convient de la projeter avant que ne débute la pièce, pour que le public puisse le lire, en s'installant, avant que ne commence la conversation entre les personnages; ce qui en outre fait gagner du temps.)

OYEZ! OYEZ! VOUS TOUS RASSEMBLÉS ICI

Venez entendre la belle et édifiante histoire de NO, qui répond aussi au nom d'oxyde nitrique. Venez apprendre comment la biochimie s'édifie sur les fermes fondations de la chimie organique. Informez-vous de la révolution que NO causa tout récemment en biologie.

Tout cela débuta dans les Flandres avec l'alchimiste Jan Baptist van Helmont. Il annonça en 1648 l'obtention d'un «spiritus sylvestris» à la suite de l'attaque de divers métaux, tels que le cuivre, par l'acide nitrique. Bien entendu, il n'avait aucune idée de ce qu'il avait fait réellement. En 1774, en Angleterre, Joseph Priestley montra que ce même gaz, qu'il dénomma «air nitré», était un composé chimique unique. Puis, Henry Cavendish montra en 1785 qu'il était formé d'azote et d'oxygène. Ce ne fut qu'en 1800 qu'Humphry Davy, ce génie de l'époque pré-Romantique, et, peu de temps ensuite, Joseph Louis Gay-Lussac, purent établir sa composition et le nommer oxyde nitrique.

Ainsi, à qui attribuer cette découverte? A l'un des grands chimistes pneumaticiens anglais ou à leur concurrent français, Gay-Lussac? à van Helmont, pour son «spiritus sylvestris»? Assurément pas. La plupart des historiens donnent leur suffrage à Priestley: il était conscient d'avoir préparé une nouvelle substance, dont les propriétés la différenciaient de l'oxygène. Toutefois, il la dénomma «air nitré» et la considéra comme de

116

l'acide nitrique dopé par du phlogistique. Il resta donc à Davy à la concevoir comme «air nitré déphlogistiqué», puis à Gay-Lussac à s'y référer comme à de «l'oxyde d'azote» – à de l'oxyde nitrique en d'autres termes.

A qui revient donc le crédit de cette découverte? Il faudrait commencer par nous mettre d'accord sur ce que signifie le mot, découverte: première obtention? première publication? ou compréhension adéquate de la percée effectuée? En l'absence de réponse claire et nette, laissons de côté cette question de la paternité de NO. Intéressons-nous plutôt à l'époque actuelle, lorsque NO vînt à prendre une importance vitale. Pour ne citer que cet exemple, cela vous intéresse t'il de savoir comment fonctionne le Viagra?

Scène 1

Les deux chercheurs se font face, assis dans un café, au travers d'une table avec une nappe en papier et un portoir de serviettes en papier. Ils boivent un café. Ils sont vêtus de façon informelle, peut-être même en jeans.

A:
Bon ... il nous faut des sous. Sinon, pas moyen de démarrer.

B:
«L'amour de l'argent est la source de tous les maux», à en croire la Bible. C'est Timothée, je crois.

A (*d'un ton agacé*):
J'ai en tête le besoin, pas l'amour de l'argent. Timothée n'était pas un chercheur scientifique. Il aurait dit sinon: « Les demandes de contrats de recherche sont la source de tous les maux. »

B:
J'ai horreur de quémander de l'argent ... pour travailler à mes recherches.

A:
Bienvenue au XXIe siècle ! (*Boit un peu de café*). Et bien, parlons de NO.

B:
Il y a juste quelques années, cela aurait été dingue. Financer une collaboration entre un chimiste et une biologiste ... portant sur NO.

A:
Alors que la plupart des gens persistent à confondre les oxydes nitreux et nitrique ... et sont persuadés que c'est le gaz hilarant qui nous intéresse.

B:
Et sont tout surpris d'apprendre que l'oxyde nitrique ... en tant
que gaz industriel et comme pollueur de l'environnement ... est
toxique. Le cercle est bouclé, nous revenons maintenant à la
notion de NO comme panacée, à Dieu sait combien de problèmes
médicaux. (*Pause*). Laquelle des fonctions biologiques de NO
allons-nous choisir?

A:
L'érection.

B:
Réponse typique d'un mec.

A:
Vous frappez sous la ceinture!

B (*sur le ton de la plaisanterie*):
Vous vous en remettrez!

A:
Je pensais à notre demande de contrat. Un titre avec «érection du
pénis» attirera l'attention.

B:
Bien d'autres demandes dans le vent le feront aussi.

A:
Telles que?

B:
La migraine par exemple, où NO joue un rôle-clé. De seulement
penser à notre demande de contrat m'en donne une!
(*s'interrompt*) Mais faisons semblant d'être ici en compagnie de
deux autres personnes ... des non-scientifiques ... qui se seraient
joints à nous pour prendre une tasse de café.

A:
Quel rapport avec notre projet de recherche?

B:
Faisons l'hypothèse que l'un d'eux nous demande à quoi nous travaillons –

A:
Et nous lui infligeons une leçon particulière sur l'oxyde nitrique? (*il examine ostensiblement sa montre*) Nous perdons notre temps.

B (*d'un ton sec*):
Pas du tout. C'est un bon exercice ... nous rendons des comptes à un contribuable ... et cela nous aide à trouver le ton convenable pour la commission d'examen de notre demande.

A (*avec réticence*):
Entendu ... mais faisons-le prestement. Par quoi commencer?

B:
Par de la chimie élémentaire, bien sûr.

A:
Même pour cela il nous faut du papier et un crayon ... ou des dias ... ou un tableau sur lequel écrire.

B:
Vous les chimistes! Incapables d'expliquer en termes simples ce qui vous occupe. Faisons comme si nous n'avions que ces serviettes en papier sur lesquelles écrire.

A:
N'oubliez pas la nappe. Elle est aussi en papier.

B:
Trop grande! Je suis habituée aux serviettes en papier ... elles vous forcent à être concis.

A:
Vous vous y entendez en concision, vous les biologistes?

B:
Il nous faut commencer par la chimie. Expliquer pourquoi l'une des molécules les plus simples qui soient ... composée seulement d'un atome d'azote et d'un atome d'oxygène ... remplit tellement de fonctions différentes.
(elle fait semblant d'écrire NO sur une serviette en papier. La dia No. 2 s'affiche sur l'écran)
Et nous poursuivrons en leur disant toutes les conséquences abominables des émissions par les gaz d'échappement ... les pluies acides ... la destruction de la couche protectrice d'ozone –
(la dia No. 3 s'affiche)

A:
Alimenter de la sorte la chimiophobie du public ? Nous pourrions commencer par préciser que NO est un peu moins simpliste que ce que vous avez mis là.

B:
D'accord, d'accord ... Cette molécule peut exister sous forme neutre, chargée positivement ou chargée négativement.
(elle écrit ces trois formules sur un napperon en papier, tandis que s'affiche sur l'écran la dia correspondante, No. 4)

A:
Et comment vous y prenez-vous pour expliquer les atteintes à l'environnement causées par NO?

B:
En deux mots ... dans un café?

A:
Sur une seule serviette en papier.

B:
Allez-y, faites donc.

A:
Nous pourrions leur expliquer d'où vient NO aujourd'hui ...
produit non pas délibérément, mais par insouciance ... à l'échelle
de dizaines de millions de tonnes, provenant surtout des
combustions du pétrole et du carbon. Les moteurs d'automobiles,
les moteurs diesel l'émettent.

B:
Oui, je sais: la cause majeure des pluies acides, ainsi qu'une
atteinte à la santé. (*s'interrompt un instant*) Mais nous gaspillons
du temps.

A:
Ce n'est pas du gaspillage. Combien de personnes se rendent-elles
compte qu'alors que NO est connu depuis deux siècles, son rôle
réel ne fut découvert qu'il y a moins de deux décennies?
Donnez-moi juste une minute ... deux à la rigueur.

B:
Au bout de deux minutes, au café, votre interlocuteur baillerait à
mourir. Même des chimistes s'ennuieraient ... ils n'ont aucun goût
pour l'histoire.

A:
En ce cas, je passe outre aux baillements, et je les taquine un peu.
Je mentionnerais qu'une étonnante diversité d'espèces produisent
NO ... des drosophiles aux poulets, en passant par la truite.

B:
Arrêtez! Il nous faut commencer par dire que le corps humain
produit lui aussi NO en continu ... bien qu'on ne l'ait découvert
qu'à la fin des années 1980. Les questions, qui se posent de toute
évidence, sont ... comment se fait-il qu'on ne s'en soit pas rendu
compte plus tôt ... et à quoi cela nous sert-il ?

A:
Dans ce cas, il faut préciser que NO a une demi-vie dans
l'organisme d'à peine quelques secondes ... et qu'il faut donc
mettre au point des détecteurs de plus en plus raffinés.

B:
Et comment vous y prendrez-vous pour expliquer la détection de
quantités minuscules de NO au sein d'une cellule ?

A:
Je me contenterais d'énumérer les méthodes en usage à présent.
Sinon, nous y ferons passer une douzaine de serviettes en papier.
(*affiche la dia No. 5*)

A présent, à votre tour de nous dire comment une cellule fabrique
NO. Mais pas sur la nappe! Seulement sur des serviettes en papier.

B:
Et bien, je me lance, mais via la biologie: vous autres chimistes
fabriquez cette molécule par quelques réactions simples ...
qu'elles soient, depuis des centaines d'années, l'action de l'acide
nitrique sur un métal ... ou, plus récemment, des décharges
électriques dans l'air –

A (*qui l'interrompt*):
N'oubliez pas les quantités gigantesques de NO produites par les
moteurs à explosion, qui brûlent de l'essence dans l'air, dont la
teneur en azote est si grande –

B:
(*qui l'interrompt à son tour*):
Du calme! A mon tour. Je rappelle au chimiste que notre corps
use d'un ensemble compliqué de réactions chimiques pour
produire cette molécule, bien qu'elle figure au nombre des plus
simples parmi les diatomiques. Commençons donc par l'arginine.
A moins qu'il ne me faille remonter plus haut, et commencer par
expliquer ce qu'est un aminoacide?

A:

De grâce, non, nous n'en aurons jamais terminé ... Dessinez
l'arginine sur un bout de papier ... comme ça.
(*ce qui correspond à l'affichage de la dia No. 6*)
Ou bien, contentez-vous d'indiquer que l'arginine est au nombre
des vingt acides aminés entrant dans la composition des protéines.
Puis, dites qu'elle est d'abord oxydée en hydroxyarginine, avant
qu'une autre oxydation ne fournisse la citrulline ... qui, de notre
point de vue, n'est qu'un déchet ... au regard de l'oxyde nitrique
lui aussi produit.
(*ces trois structures figurent sur la dia No. 7, qui est alors projetée*)

B:

Et c'est tout ce que vous en diriez?

A:

Pas davantage. Cela suffit amplement.

B:

Mais qui est responsable de toutes ces oxydations ... qui se font à
la température ambiante, et en milieu aqueux? Qui d'autre qu'un
tout petit chimiste œuvrant dans le laboratoire cellulaire. Nous
devons faire intervenir ces chimistes de la cellule, les enzymes ...
l'enzyme synthase de l'oxyde nitrique, connue sous le sigle NOS.
Elle joue le rôle majeur, n'est-ce pas?

A:

Et comment évitez-vous d'autres baillements?

B:

Je dirais que durant les huit dernières années plus de 20 000
publications scientifiques ont été consacrées à la seule NOS –

A:

Ça va: Vous avez droit à deux autres serviettes en papier.

B:
Pas mèche! Mais je veux bien essayer de m'y tenir si vous m'autorisez à montrer deux images en couleur, que j'ai dans mon sac à main.
(*elle se penche sur son sac pour en extraire lesdites photos*)

A (*après un petit rire moqueur*):
Vous vous baladez tout le temps avec des photos de ce genre?

B (*elle rit à son tour*):
On ne sait jamais quand elles peuvent être utiles. De tels clichés des deux formes de la NOS, le monomère et le dimère, me narrent toute une saga.
(*affiche la dia No. 8*)

A:
Et bien alors, je résume ce qui autrement pourrait sembler du verbiage par juste un cliché.
(*fait voir la dia No. 9*)
L'oxydation de l'arginine aboutissant à NO, via l'hydroxyarginine et la citrulline, requiert l'enzyme NOS ... faite de deux molécules d'hèmes réunies par une chaîne de 30 acides aminés ... celle-ci, porteuse de calmoduline, une protéine fixatrice du calcium, sans parler de co-facteurs sur lesquels nous n'insisterons pas. Point final.

B (*légèrement moqueuse*):
Le résumé est convenable; il omet toute sorte de détails fascinants, mais tant pis. En tant que biologiste néanmoins, je ne peux m'empêcher de préciser, quand même, qu'il existe au moins trois synthases d'oxyde nitrique ...
(*affiche alors la dia No. 10*)
C'est-à-dire les NOS neuronale, inductible et endothéliale.

A:
Pourquoi donc compliquer encore le tableau?

B:

Parce que les effets multiples de NO ... nous nous focaliserons sur certains d'entre eux dans notre demande, afin de justifier les crédits sollicités ... dépendent de quelle NOS produit NO. Par exemple, l'eNOS endothéliale dans la paroi des vaisseaux sanguins agit pour réguler la pression sanguine; alors que la nNOS neuronale est impliquée dans la signalisation nerveuse. Notons au passage qu'iNOS et nNOS sont toujours présentes dans une cellule quelconque ... Elles émettent de petites bouffées du gaz (NO est un gaz) qui diffuse rapidement hors de la cellule, et parcourt de grandes distances – à la vitesse de quelques 40 microns par seconde – ce qui lui permet d'affecter un grand nombre des cellules voisines.

A:

Ce qui nous amène finalement à –

B:

La troisième forme ... iNOS ... qui à la différence des deux autres est activée à la demande, seulement lors d'une infection. Elle intervient dans une guerre défensive, où l'arme chimique, je veux dire l'oxyde nitrique, est projetée sur les envahisseurs.

A:

Voilà un aspect à mettre en valeur dans notre demande de contrat.

B:

N'est-il pas grand temps d'illustrer comment NO agit ... comment les différents organes de notre corps réagissent à un signal fait de NO ?

A:

Mais il ne nous reste qu'une seule serviette en papier! Et l'érection du pénis?

B (*après un éclat de rire*):
Je n'avais nulle intention de servir du Viagra dans un café ! Nous venons seulement de nous échauffer les méninges ... les bases chimiques et biochimiques avant les apports à la santé. Ces derniers auront la part belle dans notre demande ... que nous n'allons pas rédiger dans un café, n'est-ce pas?

A:
En ce cas, venez demain à mon bureau. Et ... je vous ferai rencontrer quelqu'un.

B:
Qui ça?

A:
Faites-moi donc confiance.

Scène 2

Se joue dans le bureau du Dr. A à l'université, un écran de projection se trouve au fond ou sur l'un des côtés. A et B sont assis à la table de réunion, sur laquelle on aperçoit des papiers et quelques livres. Entre M. C.

C (*s'approchant la main tendue*):
J'espère ne point vous avoir fait trop attendre. (*s'adressant à B*) Si je comprends bien, vous entrez en ménage ?

B (*d'un rire un peu nerveux*):
Professionnellement seulement.

C (*regardant autour de lui, jovial*):
Un bureau plutôt spartiate pour un brillant professeur –

A (*haussant les épaules*):
Bienvenue dans notre monde universitaire démuni ... tu n'es pas ici chez de riches capitalistes. Merci de nous donner cet après-midi ton temps précieux ... les conseils gratuits ne courent pas les rues.

C (*rit*):
Surtout les bons conseils ! Mais vous connaissez le but de ma visite.

B:
Satisfaire votre curiosité ... ou bien jouer au philanthrope?

C:
Que préférez-vous?

B:
Maintenant? La première option.

C:
Et bien, c'est ce que je vous donnerai.

A (*s'adressant à B avec vivacité*):
Il est aussi mon cousin, vous savez.

B:
Je ne le lui en tiendrai pas rigueur.

C (*rit*):
Jolie réplique ! (*redevient sérieux*) mais puisque vous ne me connaissez pas ... alors que je sais tout plein de choses sur vous par mon cousin, laissez moi vous dire mon parcours. (*se tournant vers B*) J'ai étudié la chimie à l'université ... puis me suis donné un diplôme d'administration des affaires; et j'ai travaillé 14 ans dans les services financiers d'une firme pharmaceutique. Enfin, je fais partie depuis neuf ans d'une société d'investissement dans le secteur de la santé, au sens large.

B:
Quant à nous, chacun a mené des recherches dans le domaine de l'oxyde nitrique. Mais à présent ... vous ne pouvez plus ouvrir un périodique scientifique sans y trouver un nouvel effet biologique, jusque là insoupçonné, de l'oxyde nitrique.

A:
Nous avons donc décidé de collaborer, et de nous centrer sur des applications médicales.

B:
Et d'explorer plus particulièrement les plus attrayantes au regard d'éventuels soutiens financiers.

A:
A ton avis, vaut-il mieux nous adresser aux organismes publiques usuels ou faire appel d'emblée au privé, voire à des –

C:
Investisseurs?

A:
Pourquoi pas?

C:
Faites attention! Notre priorité est de gagner de l'argent ...
en misant sur des projets à risque. Nous sommes des joueurs de casino.

B:
Ce qui est vrai aussi de la plupart des chercheurs ...
tout particulièrement à l'université!

C:
C'est ce que vous dites. Mais votre priorité est de claquer des sous ... ceux des autres ... pas d'en gagner. Vous trouvez votre satisfaction dans l'avancement des connaissances, et la gloire.

(*après un instant de silence*) Mais essayez donc de m'exciter les méninges avec un peu de science. Après tout, c'est la raison de ma venue.

A:
Commençons alors par l'érection du pénis.

C (*jovial*):
La produire … ou l'empêcher ?

B:
Les deux.

C:
La prévention ne vous rendra ni fameux … ni riches! Mais la stimuler? (*devient songeur*) pensez seulement au Viagra.

B:
Vous doutez-vous que l'oxyde nitrique est intimement lié au mécanisme d'action du Viagra?

C:
Non.

B:
Nous avons des clichés que nous pouvons vous montrer. Mais au préalable, savez-vous ce qu'est le corps caverneux ?

C:
Je n'en ai jamais entendu parler.

B:
C'est le principal tissu érectile du pénis.

C:
J'aurais dû m'en douter …

B:

On sait depuis longtemps que certains neurones du corps caverneux sont impliqués dans l'érection, mais personne n'avait trouvé ce qui la déclenchait. On sait à présent que ce tissu produit localement du NO. Quoi qu'il en soit, comme vous pouvez le voir sur le cliché

(affiche la dia No. 11)

NO est produit dans les neurones ... ainsi que dans la paroi des vaisseaux sanguins, puis diffuse rapidement dans le muscle lisse faisant partie du corps caverneux, l'amenant ainsi à se relaxer –

C:

Se relaxer? Mais ne faut-il pas au contraire –

A *(avec impatience)*:

Tu la laisses terminer?

B:

Comme je m'apprêtais à vous le dire, lorsque NO induit la relaxation du muscle lisse, dans le corps caverneux, cela suscite un appel de sang vers le pénis –

A:

Et on se retrouve avec une raide –

B *(lui coupant la parole)*:

Verge.

C:

Et NO explique tout ça?

B:

Les choses ne sont jamais si simples, en biologie. NO ... que le corps produit en petites quantités ... est essentiel à l'érection ... parce que ... comme l'indique la dia ... il incite une enzyme, la guanylate cyclase, à produire le GMP cyclique, c'est-à-dire le vrai neurotransmetteur. Il s'agit du messager effectif, celui

responsable de la vasodilatation et de l'influx sanguin accru ... qui sont ce qui vous préoccupe tant ... vous autres, les hommes. Je vous le montre en couleurs dans la dia suivante.
(*elle affiche la dia No. 12*)
De plus, si cette molécule cause la tumescence ... elle explique aussi la détumescence.

A (*l'interrompt*):
... chez les hommes fonctionnellement impuissants ... de 20 à 30 millions rien qu'aux Etats-Unis ... tels ceux ayant des problèmes de tension artérielle ... ceux ayant subi une opération de la prostate ... ainsi que certains diabétiques. (*s'adresse à B*) Vous pouvez le lui expliquer?

B:
En fait, c'est très simple. Comme vous l'avez vu sur le précédent cliché, une enzyme dénommée PDE5 transforme le GMP cyclique en GMP inactif. Par conséquent, ceux des hommes dont la production en GMP cyclique frais est insuffisante ...

C:
Ou qui ne produisent pas suffisamment de NO?

B:
Exactement: ils perdent leur érection trop vite, ou elle n'est pas suffisamment ferme pour commencer. Mais on peut les aider ... en inhibant la PDE5 ... ce que fait le Viagra.

A:
Et c'est là que le chimiste intervient. Vois ce cliché, qui te montre la structure chimique du Viagra.
(*il affiche la dia No. 13*)
Bien entendu, cette image n'a aucun sens pour un non-chimiste, mais tu dois te souvenir suffisamment de ta chimie organique pour constater qu'il s'agit d'une molécule assez petite. Il ne faut que dix étapes pour la faire.

C:

Et c'est ainsi qu'on le fabrique ?

A:

Qu'on le fabriquait. A présent, un processus entièrement automatisé en fournit deux tonnes par semaine. Mais ce que je veux dire est qu'une molécule organique relativement simple ... un comprimé de sildenafil ... ce qui est le nom générique du Viagra ... inhibe la destruction du GMP cyclique qu'opère la PDE5.

B:

A présent que nous avons identifié l'oxyde nitrique comme la clé d'une érection normale, via la promotion d'un influx du sang dans le pénis ... nous avons deux remèdes rationaux au dysfonctionnement érectile:
soit créer de nouvelles molécules libérant davantage de NO, et par conséquent davantage de GMP cyclique dans l'organisme ...
soit concevoir des inhibiteurs de la PDE5 encore plus efficaces que le Viagra, pour empêcher une disparition trop rapide du GMP cyclique déjà produit.

C:

Vous autres les chercheurs, vous nous faites toujours un tableau trop optimiste. Est-ce ainsi que le Viagra fut inventé ... dès que l'on a compris que NO est la façon dont notre corps dit «oui»?

A:

Il y a une vingtaine d'années ... deux chimistes chez Pfizer en Grande-Bretagne – Simon Campbell et David Roberts – se mettaient en quête de nouvelles molécules pour soigner l'hypertension et l'angine de poitrine. Leur approche était de trouver d'efficaces inhibiteurs de la PDE5, afin de prolonger l'action du GMP cyclique. Car, déjà au début des années 1980, les chercheurs savaient que le GMP cyclique relaxe le muscle lisse dans la paroi des vaisseaux sanguins.

B:
Et cela avant que quoi que ce soit ne soit connu de la production et de la biologie de NO dans l'organisme.

A:
Aussi nos deux gaillards se baladèrent dans la littérature à la recherche de nouveaux modèles. Le Zaprinast fut l'un des premiers composés à attirer leur attention, je te le montre sur le prochain cliché
(*il projette la dia No. 14*)
Modifier le cycle à cinq chaînons du Zaprinast conduisit au composé (**2**), et alors que cette pyrazolopyrimidone était un meilleur inhibiteur de la PDE5 in vitro, cela ne suffisait pas. Mais, au moyen des altérations moléculaires usuelles –

C:
Un jeu auquel l'industrie pharmaceutique vous surpasse quotidiennement, vous autres les universitaires.

A:
Mon cher cousin! Je t'en prie! Je chante les louanges des chimistes en général ... pas des seuls universitaires. Une molécule-candidate parmi plus de 1 500 composés ... baptisée initialement UK-92480 ... apparut suffisamment prometteuse pour des essais sur des volontaires mâles en bonne santé.

C:
Je te vois venir: ils furent tous gratifiés de superbes érections!

A (*riant*):
Ce ne fut pas aussi spectaculaire, mais ne perdons pas notre temps à des anecdotes croustillantes. On baptisa Viagra cette molécule. Alors qu'elle ne s'avéra pas une panacée pour les maladies cardiovasculaires, ce fut une mine d'or sur le terrain de la dysfonction érectile. Et de nombreux hommes en ont fait une drogue de loisirs!

B:

Ces ingénieux chimistes peuvent à présent faire sur mesure des composés donneurs de NO, puisque plus NO est produit, davantage de GMP cyclique se forme.

C:

Et ça marche?

B:

En théorie, oui. On faisait appel déjà, depuis des décennies, à de tels donneurs de NO pour d'autres problèmes médicaux ... en un sens, depuis plus d'un siècle. D'abord par voie orale ... puis à présent par des patchs cutanés à action prolongée. Au XIXe siècle déjà, on savait que le nitrite d'amyle à l'état gazeux diminue la tension artérielle. Les ouvriers fabriquant des munitions durant la Première Guerre Mondiale, et ceux manipulant de la nitroglycérine pour produire de la dynamite, montrèrent des effets similaires.

A:

Mais on ne soupçonnait pas que de tels nitrites et nitrates se décomposent en formant NO dans le corps, ni que NO servait de signal à une diminution de la tension artérielle. Mais nous savons à présent comment ils sont convertis en NO ...
(il projette la dia No. 15)
... ainsi que, bien sûr, le lien entre NO et le GMP cyclique, la molécule qui défait la constriction des artères coronaires.

A:

De nombreuses recherches continuent pour trouver des donneurs de NO, supérieurs à l'oxyde nitrique lui-même ... de nouveaux types comme ceux illustrés sur cette vue.
(il montre la dia No. 16)

C:
Pourquoi ne pas administrer de l'arginine directement, puisque c'est la matière première que les enzymes cellulaires transforment en NO?

A:
Tu te figures bien que d'autres que toi ont eu la même idée. Des boutiques d'aliments sains ... Chinoises ou autres ... ont leurs étagères garnies de préparations se réclamant de tous les effets bénéfiques imputés à NO.

C:
Et puis?

A:
Et puis que dalle. Elles vendent tout plein d'arginine ... Va donc voir sur la Toile à «arginine et impuissance». Tu trouveras des douzaines de sites avec des manchettes telles que «L'arginine surpasse le Viagra» . Mais tout cela est de la foutaise, car la cellule se donne toutes sortes de contrôles, pour réguler au plus strict les quantités d'oxyde nitrique libéré. Cela s'apparente à vouloir améliorer la distribution du courant électrique dans une ville en augmentant le voltage des lignes électriques! La puissance ne manque pas ... l'arginine en l'occurrence ... mais la chose cruciale est la régulation sévère de l'utilisation de ladite puissance.

Note:
Pour gagner du temps lors de la représentation de cette pièce, on peut sauter le passage qui suit.

B:
J'ai un exemple encore plus amusant des effets bénéfiques présumés de l'arginine. Laissez-moi vous lire un extrait d'un journal hippique.

C *(rit)*:
Quiconque se targue d'être un généraliste compulse des tas de publications, mais je n'ai jamais entendu parler de celle-ci, *The Quarter Racing Journal.*

B *(affectant le plus grand sérieux)*:
Vous ne suivez donc pas la littérature la plus brûlante sur l'oxyde nitrique ... ou vous ne montez pas à cheval ... les deux peut-être? *(Prend en main le périodique)* Cet article du Dr. William E. Jones est intitulé «Exaltation de l'oxyde nitrique». *(Commence une lecture à haute voix rapide)* «En 1998, le Prix Nobel en physiologie ou médecine fut attribué conjointement à Robert F. Furchgott, Louis J. Ignarro, et Ferid Murad pour leurs découvertes concernant l'oxyde nitrique comme signal moléculaire dans l'appareil cardiovasculaire». *(s'interrompt et regarde en l'air)* Vous m'accorderez qu'il n'y a là rien d'inédit. Par contre, c'est incomplet. Ils auraient dû dire que Salvador Moncada joua un rôle tout aussi important dans cette découverte et qu'il aurait dû être lui aussi honoré de la sorte. Mais écoutez moi ça, à présent. *(reprend sa lecture rapide)* «Une jument de 21 ans, après chirurgie du colon, subit une salmonellose. Autre complication, elle fut atteinte d'une veine jugulaire thrombosée et en occlusion totale, du fait des trop nombreuses injections qui lui furent administrées. Trois mois plus tard, la jument ne marchait que si on l'y obligeait. » *(regarde en l'air)* Après un traitement d'un an par divers anti-inflammatoires, suivi par de la thérapie par laser, de l'acupuncture, des bains glacés et autres cures, le propriétaire commença à penser que seule l'euthanasie pourrait mettre un terme aux souffrances de l'animal. Mais écoutez-moi ça: *(se remet à lire rapidement)* «Il décida d'essayer un nouvel additif aux repas ... un exaltateur de l'oxyde nitrique acheté à une société de San Diego, en California. Le matin suivant, la jument se tenait debout dans son box, les pattes postérieures détendues, supportant son poids normal sur ses pattes antérieures. Le traitement fut renouvelé à 12 heures d'intervalle. Deux jours plus tard, la jument était redevenue si active qu'elle perdit un fer à

l'un de ses sabots. A présent, toutes les personnes concernées s'intéressent de près à la valeur thérapeutique des suppléments qui exaltent la production d'oxyde nitrique.» Fin de l'histoire.

(Elle repose le périodique, tout en souriant pour la première fois) Le supplément responsable de ce miracle était une mixture d'arginine, de glutamine, de vitamines et sels minéraux. Contestez-vous les vertus de l'arginine?

C *(se met à rire)*:
Encore heureux que ce fut une jument. Je n'ose penser aux résultats s'il s'était agi d'un étalon. *(regarde d'abord B, puis A)* Vous avez dans la manche d'autres résultats aussi faramineux?

A:
Tout plein ... mais pas aussi marrants.

Au cas où ce qui précède a été sauté, reprendre ici la représentation de la pièce.

A:
Permettez-moi de revenir sur l'effet de l'oxyde nitrique sur l'alimentation en sang ... qu'il s'agisse du pénis ou du cœur. Un mot, d'abord, sur cet autre composant du sang, les plaquettes incolores. *(Pause)* Ces plaquettes s'agrègent lorsqu'un vaisseau sanguin est abimé, puis elles adhèrent aux parois du vaisseau ... comme du sparadrap sur une plaie. Mais, lors d'une attaque cardiaque –

C:
Tu sais, tu peux me parler d' «infarctus du myocarde».

A *(sèchement)*:
Merci. Des caillots de sang issus de ces agrégats de plaquettes obstruent les artères ... tu sembles au courant de tout ça. Mais le point important est celui-ci: l'oxyde nitrique, fabriqué par la NOS endothéliale ... outre qu'il relâche la paroi des vaisseaux sanguins

et qu'il stimule la circulation sanguine, inhibe aussi l'agrégation des plaquettes ainsi que leur adhésion à la paroi des vaisseaux.

B:
Dit autrement ... NO participe d'un ingénieux mécanisme de rétroaction contrôlant la tension artérielle, et de défense à l'encontre d'atteintes vasculaires.

Note:
Pour gagner du temps lors de la représentation de cette pièce, on peut sauter le passage qui suit.

Ce qui m'amène à une énigme, que résume la dia suivante.
(*Elle projette la dia No. 17*)
L'hémoglobine ... la protéine qui dans les globules rouges sert au transport de l'oxygène ... effectue tant le transfert que l'échange des deux gaz respiratoires ... l'oxygène et le monoxyde de carbone ... mais ... (*Pause*) c'est aussi un piège avide de NO! Jack Lancaster de l'université de l'Alabama ... chez qui je fis mon stage postdoctoral ... se bat avec ce problème depuis des années. Pourquoi donc la nature fait-elle appel à un messager à durée de vie très brève comme NO, à proximité immédiate d'un énorme réservoir d'hémoglobine qui va immédiatement le bouffer? Pourquoi donc installer un tel piège à NO avant qu'il puisse même agir?

C:
A vous entendre poser la question, vous devez en connaître la réponse?

B:
Il y en a au moins deux. Jonathan Stamler à l'université Duke postule que l'hémoglobine détruit NO en l'oxydant en anions nitrate ...
(*ce qu'elle illustre par la dia No. 18*)

Ainsi qu'en l'empaquetant sous la forme de
S-nitrosohémoglobine, afin de le livrer sur d'autres sites, où NO
est relargué au fur et à mesure des besoins.

A:
Si tel était le cas, on pourrait pré-traiter les globules rouges avec
NO, pour les utiliser à des transfusions chez des patients
manquant de NO.

B:
Mais je préfère la réponse de Lancaster: il découvrit que
l'hémoglobine interne aux globules rouges réagit avec NO un
millier de fois plus lentement qu'à l'extérieur de ces cellules, dans
le plasma. Ainsi, dans des conditions normales ... lorsque
l'hémoglobine est confinée à l'intérieur des érythrocytes ... NO
peut exercer son rôle physiologique, car sa capture par
l'hémoglobine est très lente. Par contre, lorsque les érythrocytes
se rompent, même de petites quantités d'hémoglobine relâchée
consomment rapidement tout le NO disponible, et cela peut
déclencher des catastrophes.

C:
Parce que les artères se contractent, à présent que NO n'est plus
là pour les relâcher?

B:
Oui ... et parce que

**Au cas où ce qui précède a été sauté, reprendre ici la
représentation de la pièce.**

en l'absence de NO, les plaquettes bouchent les vaisseaux
sanguins normalement libres. Ce qui est à la fois dangereux et
douloureux ... ce sont des symptomes de l'anémie falciforme.

C:
De sorte qu'avec l'oxyde nitrique?

B:

Très exactement. Mark Gladwin et son groupe des National Institutes of Health ont trouvé ce remède héroïque:
faire respirer de petites quantités de NO gazeux par les patients atteints de cette anémie ... juste assez pour saturer toute l'hémoglobine libre dans le plasma sanguin ... mais en évitant d'éponger tout le NO que le corps produit pour maintenir un flux sanguin régulier.

C:

Et si cela marche en clinique ... cela permet-il de soigner cette maladie ?

B:

Tout au moins les symptomes aigus! Mais cela vous montre comment la recherche fondamentale sur NO débouche sur des applications cliniques.

Note:
Pour gagner du temps lors de la représentation de cette pièce, on peut sauter le passage qui suit.

A:

Parlons-lui aussi du choc septique ... lorsque des toxines bactériennes envahissent l'organisme par une infection consécutive à une blessure ou à une opération. Rien qu'aux Etats-Unis, 300 000 cas chaque année ... avec une mortalité s'élevant à 50%. Dans les unités de soins intensifs des hopitaux américains, c'est la cause numéro un des décès.

B:

J'y venais ... car cela nous amène à un autre secteur-clé ... la réponse immunitaire ... où NO joue aussi un rôle fondamental. Le corps réagit à toute invasion par des cellules spécialisées ... les macrophages ... qui tuent l'envahisseur ... des bactéries, typiquement ... en ... le mangeant ou en l'empoisonnant. Le poison est NO, produit à la demande par le macrophage posté sur la défensive ... et qui fait appel là à une autre NO-synthase, celle qualifiée d'inductible, iNOS. La forte mortalité qu'on déplore vient d'un abaissement catastrophique de la tension artérielle, dû à l'afflux de NO produit pour anéantir l'ennemi. On peut parler d'*overkill*!

C:
Et comment a t'on découvert cette fonction de NO?

A:
Michael Marletta ... un chimiste, alors au MIT ... montra que les quantités colossales de NO, qu'on trouve dans l'urine après une telle réponse immunitaire de la part des macrophages, reflètent un excédent d'oxyde nitrique.

C:
Pourquoi donc ne pas fermer le robinet?

A:
Ta question est logique ... mais c'est plus facile à dire qu'à faire. En principe, la réponse ... elle est chimique, à nouveau ... va de soi. Il suffirait de faire des inhibiteurs de NOS, suivant le même principe que celui dont nous avons parlé pour les donneurs de NO. De nombreux inhibiteurs de NOS ont été synthétisés ... j'ai ici sous la main une dia avec des exemples de composés qui sont des parents proches de l'arginine ... comme tu t'en souviens, le précurseur naturel de NO pour l'organisme.
(*et il montre sur l'écran la dia No. 19*)
Plusieurs centaines de publications existent à ce sujet, mais les résultats sont mitigés, car, d'un point de vue clinique, le choc septique est extrêmement compliqué: résultat de la protection par NO ... ou de l'agression par NO ... sans parler d'autres mécanismes ne faisant pas intervenir NO. Nous n'avons pas terminé de démêler tout cet écheveau ... si ça se trouve, nous n'en aurons jamais terminé ... mais c'est un domaine d'étude passionnant.

C (*regarde sa montre*):
Il serait temps de conclure, les amis.

A:
Laisse-moi te donner un dernier exemple, je serai bref. En conséquence de travaux universitaires surtout, on commence à voir des applications bénéfiques des recherches sur NO à la parasitologie et aux maladies tropicales ... celles aux noms compliqués comme schistosomiase, leishmaniose, toxoplasmose, maladie du sommeil ou trypanosomase ... ce sont des parasitoses. Et les parasites sont très vulnérables à l'oxyde nitrique. Ces maladies affligent des centaines de millions de personnes du Tiers-Monde.

B:
Mais les yeux de la plupart des dirigeants des firmes pharmaceutiques se durciraient à la suggestion d'affecter une part quelconque de leurs budgets de recherche, strictement mesurés, à de telles cibles thérapeutiques.

C:
Soyons honnêtes! Les firmes pharmaceutiques ne sont pas des sociétés philanthropiques. Comment pourraient-elles défendre la viabilité économique d'affecter des centaines de millions de dollars, venant de leurs actionnaires, à de telles recherches ... par comparaison avec ... par exemple ... la recherche d'une cure pour la maladie d'Alzheimer? Même la malaria ... de toutes ces maladies tropicales la plus meurtrière ... est de peu d'intérêt ... au regard du profit financier escompté.

B:
Et pourtant: justement, parlons de l'une des maladies qui tue un nombre considérable d'enfants en Afrique et en Asie ... la malaria cérébrale. Des chercheurs de l'université Duke ont montré que le NO que produit le cerveau exerce une action protectrice. Des enfants sains en ont des teneurs élevées, des enfants malades en ont le moins. Lorsqu'on présente ceci à un profane, sa question

fuse: si NO fait partie d'un mécanisme naturel de défense, pourquoi donc ne pas donner aux gosses de l'oxyde nitrique? La réponse, hélas, est que nous ne sommes pas encore capables d'exploiter cette information pour protéger de la malaria sans affecter les fonctions neurologiques ordinaires (*elle regarde* C).

C:
L'heure fut bien occupée!

B:
Un dernier point!

C:
Mais c'est ce que mon cousin avait déjà dit, exactement!

B:
Il l'a dit ... mais pas moi.

Au cas où ce qui précède a été sauté, reprendre ici la représentation de la pièce.

Laissez-moi vous dire, pour terminer, le rôle de NO dans la reproduction humaine.

C:
Je m'attendais à ce que vous commenciez votre exposé là-dessus.

B:
Seuls des hommes peuvent se figurer que la reproduction commence par une érection!

C:
Mais ça aide.

B:
Seulement d'un point de vue opérationnel ... pour initier la livraison de sperme afin de fertiliser les ovules? Certes ...

bien qu'on puisse faire désormais autrement.

C:
Mais pas de manière aussi agréable.

B:
Je vous cause efficacité ... et pas plaisir. Par exemple, on peut aspirer du sperme dans'un testicule, puis injecter un seul spermatozoïde dans l'ovule.

C:
ICSI ... Injection intracytoplasmique de sperme. Même un profane comme moi en a entendu parler.

B:
Durant la décennie écoulée, plus de 100 000 bébés-éprouvette ont été conçus ainsi.

C:
Et qu'est-ce que ça à voir avec NO?

B:

Directement, rien du tout ... mais indirectement: tout. Depuis la fin des années 1990, l'un des aspects les plus novateurs des recherches sur NO fut de préciser son rôle multiple dans la reproduction. De toutes petites quantités de NO sont nécessaires à toutes ces étapes que sont: activation des spermatozoïdes ... initiation de la fertilisation ... premières divisions cellulaires ... implantation de l'ovule ... et je vous fais grâce du reste. Mais l'absence de NO ... ou une surabondance de NO ... peuvent être nocives ... de sorte que trouver la bonne teneur en NO pour une application clinique donnée n'est pas facile ...

C:
Et vous avez quelles applications en tête?

A:
Le contrôle des naissances, par exemple, en modulant la production de NO pour empêcher l'ovulation.

C:
N'est-ce pas ainsi que fonctionne la contraception orale au moyen de stéroïdes?

A:
Exactement.

C:
Mais, même si cette approche réussit, il faut encore une douzaine d'années avant toute mise sur le marché. Pense seulement aux aspects légaux, aux risques éventuels ...

A:
Ouais ... et pourquoi pas ajuster les teneurs en NO afin de prévenir une maturation convenable, et empêcher ainsi la fertilisation? Ou, à un stade plus tardif ... empêcher l'implantation de se faire et, bloquer ainsi la grossesse?

B:
Mon souci est d'améliorer la fertilité ... une cible soulevant énormément d'intérêt ... de la part des femmes surtout. Nous adresser à des modulateurs de NO pour augmenter les chances d'ovulation ou celles de fertilisation ? De trop fortes teneurs en NO peuvent contribuer à la stérilité ... et réduire la concentration de NO pourrait être utile. (*elle se tourne vers* **C**) Le mot-clé pour toutes ces applications ... ainsi que pour certaines de celles dont je vous ai déjà entretenu ... est «modulation». Nous ne sommes pas encore capables de la conduire efficacement.

C:
La prospective que vous m'avez faite entrevoir ... pas seulement pour notre reproduction ... est plus qu'attrayante. Mais vous ne m'avez pas fait venir pour vous applaudir de façon non critique.

A:
Et bien confie-nous tes réticences.

Note:
Pour gagner du temps lors de la représentation de cette pièce, on peut sauter le passage qui suit.

C:
Je suis ébloui par toutes les objections qui se présentent. NO semble si omniprésent ... apparemment, il n'est aucune partie de la physiologie des vertébrés qui ne soit affectée. Cela me rappelle les prostaglandines.
(et il montre la dia No. 20)

B:
C'est une bonne comparaison. Bergstrom, Samuelsson et Vane reçurent un Prix Nobel en 1982 pour leurs travaux là-dessus.

C:
Vous voyez? Vous pensez gloire ... et je vous parle argent. Certaines firmes pharmaceutiques investirent des centaines de millions de dollars en recherche sur les prostaglandines ... sans parler des millénaires de temps-chercheurs affectés à des travaux de tout premier rang ... et tout cela pour des clopinettes. Pas du fait d'un manque d'importance des prostaglandines. Comme votre oxyde nitrique, elles interviennent dans la réponse immunitaire, dans les processus inflammatoires, dans l'arthrite, et dans d'autres maladies auto-immunes. *(il fait une pause).* Y compris dans le traitement du dysfonctionnement érectile, et dans le contrôle des naissances. Je pourrais allonger la liste ... Leur très large éventail d'activités ... leur relative absence de spécificité ... au bout du compte restreignirent leur usage en médecine ... tout au moins par rapport à tout ce qu'on avait misé.

B:
Mais les prostaglandines restent fondamentales pour notre compréhension de processus biologiques parmi les plus importants.

C:
Je vous l'accorde.

Au cas où ce qui précède a été sauté, reprendre ici la représentation de la pièce.

C:
Vous me demandiez au départ si vous deviez vous tourner vers l'industrie ... voire obtenir le soutien d'investisseurs à risque pour votre recherche académique. Je te suggère (*il se tourne vers A*) ... mon cousin préféré ... d'oublier les investisseurs. Nous sommes trop durs en affaires ... et notre perspective est à trop courte vue. La plupart des applications que vous m'avez citées sont trop peu mûres, de notre point de vue.

A:
Quelles applications tenteraient donc des firmes pharmaceutiques, à ton sens?

C:
Celles rapportant le plus. un traitement de l'impuissance masculine, par exemple.

B:
Pourquoi pas traiter la migraine par des inhibiteurs de NOS? Pourquoi pas soigner le glaucome ... par réduction de la pression intra-oculaire? Pourquoi pas – ?

C:
Un instant! Vous n'avez même pas cité jusqu'ici la migraine et le glaucome ... mais je veux bien vous croire, si vous me dites que NO est encore impliqué. Oui ... ces marchés les intéresseraient.

Mais ces autres affections: l'anémie falciforme ... la malaria cérébrale ... et d'autres maladies tropicales: le désintérêt des grosses maisons pharmaceutiques pour des raisons économiques ne signifie pas que vous devez vous abstenir de leur étude. Tout au contraire ... c'est ce que je choisirais de faire. Ne pensez qu'à devenir célèbres ... ne vous occupez que des vrais problèmes de l'humanité. Laissez les firmes pharmaceutiques à leur rôle, correctif des problèmes de société.

A:
Qu'est-ce que tu veux dire?

C:
Les gens se font plaisir ... ils abusent, et deviennent malades. Ils se rendent obèses ... et s'offrent un diabète ... ou atteignent des niveaux anormalement élevés de cholestérol ... de sorte que nous leur fournissons des médicaments pour la perte de poids, des hypoglycémiques, et des agents diminuant le cholestérol. Ils mènent des vies idiotes ... nous leur vendons des tranquillisants. Ils carburent au café ... nous leur fournissons des somnifères. Je pourrais continuer indéfiniment ... mais il me faut vous quitter.

B:
De sorte que votre dernier mot sera?

C:
Accrochez-vous à NO, c'est un magnifique sujet.

A:
Mais il nous faut des sous pour ça.

C:
Adressez-vous à vos sources de financement habituelles, mais prenez soin de préciser dans vos demandes que vous guérirez les maladies tropicales ... ou que vous soignerez la stérilité.

B:
Il nous faut mentir donc?

C:
Ce n'est pas du mensonge ... de l'anticipation, vous vous
contentez d'omettre de préciser combien de temps cela prendra.
(*se lève de sa chaise*) Je m'en vais.

B (*jetant un coup d'œil vers* **A**):
Notre conversation fut bien trop sérieuse ! On y va d'une chanson?

A:
Pourquoi pas?
(*ils «chantent» la chanson suivante en rap, composée par Erik
Weiner, à faire alors entendre sur le CD accompagnant ce livret*)

The N is for Nitric

It's the N to the O, you know, it don't stop
It's time to break it down in the form of hip-hop
The N is for Nitric, the O is for Oxide
It's gotta lotta scientists riled up worldwide

It's such a hot topic, you saw it today
In A and B and VC's horseplay
And here we are, ya'll, nearly at the end of it
But before we go we want to recall all the benefits
If you take notes, you can use your pen, so
Once again, the key applications of N-O:

Number 1, they made it very clear in the first section
That without the N-O, you would get no erection
And without the erection there would be no humpin'
So that's gotta tell you N-O is useful for somethin'

Number 2, N-O is healing, yes, it rocks
It's a possible treatment of septic shock

Number 3, guess who gives your body protection?
By somehow fighting off parasitic infections
Did you guess N-O? Well, then you were right
If you didn't you were wrong, thanks for playing, goodnight

Number 4, here's some more information
It combats cell pro-lif-er-ration

Number 5, look alive, because you feel great
That's because N-O helps your blood vessels dilate
It's the N to the O, you know, it don't stop
It's time to break it down in the form of hip-hop
The N is for Nitric, the O is for Oxide
It's gotta lotta scientists riled up worldwide

Number 6, N-O is a neurotransmitter function
That means if you spot someone hot at a luncheon
And your brain tells you that you've just got to do somethin'
N-O helped you out and now you're heart is just pumpin'
You approach and your blood is flowin' like a river
You can also thank N-O for that because it helps deliver
And regulate your blood flow so you don't go
Straight to heaven, that was number 7, in case you're slow

Number 8, now who woulda thought from the start
That N-O would then go and help the heart
It treats cardiac conditions through vasodilation
'Cause it's liberated by nitroglycerin administration
I know that's a mouthful, but, yo, it's not doubtful
That N-O's more exciting than Gwenyth Paltrow

Number 9, almost done, c'mon, we're on a roll
N-O could be useful in birth control
And on the flip side, there's a high possibility
That it could even help improve fertility
That's right, N-O has a hand in human reproduction
We're almost at the end, no need for introduction

Because in conclusion, it's no illusion
That N-O is a powerful helpful solution
To many different problems and needs of the body
Sometimes it does nice things, and sometimes naughty
Who woulda thought we'd start all these talks again
From one atom of Nitrogen, one atom of Oxygen
If someone says, "Nitric Oxide" now you know
You can tell them like Nancy Reagan to "Just Say N-O"

Traduction française:

Le N va avec le O, tu vois, et ça n'arrête pas
On va le décomposer en hip-hop
N c'est nitrique, et O c'est l'oxyde
Et ça excite plein de chercheurs du monde entier.

Le sujet est chaud, vous venez de l'entendre
Dans la bouche de A, B et C
Et nous voilà tous, ici, presqu'à la fin
Mais avant de vous rappeler tous les bienfaits
Si vous prenez des notes, vous pouvez écrire avec un bic
Une fois de plus, les principales applications de NO.

Primo, ils ont bien insisté là dessus dans la première partie
Sans NO, point d'érection
Et sans érection point de baise
Ce qui vous dit bien que NO est bon à quelque chose!

Secundo, N-O est un remède, ouais, dans le vent,
Qui peut traiter le choc septique.

Numéro 3, devinez ce qui protège le corps?
Nous débarrasse d'infections par des parasites
Vous dites NO? Et bien, vous avez visé juste
Autrement, vous avez faux, merci d'avoir joué, bonsoir.

Numéro 4, et voilà encore de l'information
Des cellules il combat la pro-li-fé-ra-tion.

Numéro 5, soyez vifs, vous vous sentez bien:
NO aide vos artères à se dilater.

Le N va avec le O, tu vois, et ça n'arrête pas
On va le décomposer en hip-hop
N c'est nitrique, et O c'est l'oxyde
Et ça excite plein de chercheurs du monde entier.

Numéro 6:
N-O sert de neurotransmetteur
Ça veut dire que si vous voyez quelqu'un de chouette à une
réunion
Et votre cerveau vous dit d'y aller
N-O vous y aide et à présent votre cœur pompe normalement
Vous vous rapprochez et votre sang se fait fleuve
Vous pouvez aussi en être reconnaissants à N-O parce qu'il aide
Et régularise la circulation, pour éviter de vous expédier
Au paradis, et ça ç'était le numéro 7, si vous êtes lents à la
comprenette.

Numéro 8, qui aurait pensé au départ
Que N-O aide aussi le cœur
Il traite les problèmes cardiaques par vasodilatation
Car libéré de la nitroglycérine qu'on vous administre
Ce sont des mots compliqués, mais, y a pas à dire,
N-O fait plus bander que Gwenyth Paltrow.

Numéro 9, on y est presque, ça boume,
N-O pourrait servir au contrôle des naissances
Autre avantage, on peut parier
Qu'il va augmenter la fertilité
C'est sûr et certain, N-O intervient dans la reproduction
Nous sommes presque à la fin, pas besoin d'une introduction

Car, en conclusion, ce n'est pas une illusion
N-O est une solution puissante et bienveillante
A plein de problèmes et besoins corporels différents
Parfois, il vous fait du bien, et parfois du mal,
Qui aurait cru que nous redirions toutes ces paroles
D'un atome d'azote, d'un atome d'oxygène
Si quelqu'un vous dit «oxyde nitrique» maintenant vous le savez
Et vous pouvez leur conseiller, comme Nancy Reagan:
«dites seulement NO».

Légendes des dias réunies dans le CD ROM

Fig. 1:
Texte du prologue, avec un historique de l'oxyde nitrique.

Fig. 2:
Formule chimique de l'oxyde nitrique.

Fig. 3:
Destruction catalytique de l'ozone stratosphérique:
des traces d'oxyde nitrique (NO) sont présentes dans la haute
atmosphère. Lorsqu'une molécule de NO rencontre une molécule
d'ozone O_3, les produits de leur réaction sont NO_2 et O_2.
Lorsque cette molécule de NO_2 rencontre à son tour un atome
d'oxygène, cette nouvelle réaction fournit O_2 et NO. NO étant
de la sorte régénéré, cet oxyde nitrique catalyse la conversion
d'une molécule d'ozone et d'un atome d'oxygène en deux
molécules de dioxygène O_2. Puisque NO agit en quantités
catalytiques, une seule molécule de NO peut détruire de
nombreuses molécules d'ozone.

Fig. 4:
Structures chimiques des trois formes de NO:
oxyde nitrique neutre; ion nitrosonium positivement chargé; et
anion nitroxyle négativement chargé.

Fig. 5:
Liste de quelques méthodes analytiques pour la détection de
l'oxyde nitrique.

Fig. 6:
Structure chimique de l'acide aminé, l'arginine précurseur de
l'oxyde nitrique formé in vivo.

Fig. 7:
Structures chimiques d'intermédiaires lors de la conversion biochimique de l'arginine en oxyde nitrique, via l'hydroxyarginine et la citrulline.

Fig. 8:
Structures aux rayons X des formes monomère (haut) et dimère (bas) de la synthase de l'oxyde nitrique, une protéine-hème.

Fig. 9:
Représentation graphique de deux restes hème, reliés par une chaîne de 30 aminoacides, à laquelle la protéine calmoduline (requise pour la biosynthèse de l'oxyde nitrique, initiée par le calcium) est attachée.

Fig. 10:
Liste des trois synthases d'oxyde nitrique:
endothéliale (eNOS); inductible (iNOS); et neuronale (nNOS)enzymes catalysant l'oxydation (voir Fig. 7) de l'arginine en oxyde nitrique.

Fig. 11:
Résumé graphique du processus par lequel l'oxyde nitrique (coloré en rouge) stimule l'enzyme, la guanylate cyclase, pour convertir la guanosine triphosphate (GTP) dans le neurotransmetteur effectif, la guanosine monophosphate cyclique (cGMP, colorée en bleu), ce qui entraîne la relaxation du muscle lisse, et partant un influx accru de sang. Le schéma montre aussi la décomposition de la cGMP par l'enzyme, la phosphodiesterase 5 (PDE5, colorée en vert), en guanosine monophosphate (GMP)ce qui aboutit à désactiver la relaxation du muscle lisse, induite par la cGMP.

Fig. 12:
Représentation imagée de l'opération des processus de la Fig. 11 au sein du tissu érectile (ou corps caverneux) du pénis, causant une augmentation de l'influx de sang, et donc l'érection du pénis. Y figure aussi l'inhibition de l'enzyme de dégradation PDE5 (colorée en vert) par le Viagra (de couleur violette), ce qui permet le maintien de la présence de cGMP (coloré en bleu), et donc une érection plus ferme et plus durable.

Fig. 13:
Quelques-unes des étapes dans la synthèse du Viagra, figurées par des formules chimiques.

Fig. 14:
Illustration de la modification chimique d'une molécule tête-de-file, le Zaprinast, en sildenafil (autrement dit, Viagra). On note en particulier l'ablation d'un atome d'azote (indiqué en rouge) du zaprinast, conduisant à une pyrazolopyrimidone (au milieu du cliché), avant l'introduction d'un cycle azoté supplémentaire, à six chaînons, dans le Viagra (bas du cliché).

Fig. 15:
Illustration par des structures chimiques d'un des modes de décomposition de la nitroglycérine, fournissant de l'oxyde nitrique.

Fig. 16:
Structures chimiques de quelques molécules libératrices d'oxyde nitrique ("NONOates" ou "diazeniumdiolates"), dans lesquelles deux restes NO sont attachés ensemble.

Fig. 17:
Structure chimique de la portion hème de l'hémoglobine: l'atome central de fer (Fe) peut fixer soit le dioxygène, soit l'oxyde nitrique.

Fig. 18:
Conversion d'oxyde nitrique en anion nitrate.

Fig. 19:
Structures chimiques de cinq analogues différents (2-6) de l'arginine (1). Ils bloquent efficacement la biosynthèse de NO à partir de l'arginine, par la synthase d'oxyde nitrique (NOS).

Fig. 20:
Structure chimique d'une prostaglandine typique – il s'agit d'un groupe d'acides gras portés par un cycle à cinq chaînons. Dans les tissus des vertébrés, les prostaglandines servent de messagers, impliqués dans la reproduction, ainsi que dans la réponse inflammatoire aux infections. L'aspirine inhibe leur biosynthèse.

Fig. 21:
Texte de la chanson rap *"The N is for nitric"*, composée et chantée par Erik Weiner.

Remerciements

Les figures dans le CD d'accompagnement de ce texte en forment une partie intégrale. Nous exprimons notre profonde gratitude à Valerie Laszlo pour leur conception-réalisation et au Dr. Rodney Schreiner (université du Wisconsin, à Madison) pour d'indispensables ajustements. Les professeurs Jack Lancaster (université d'Alabama à Birmingham) et Michael Marletta (université de Californie à Berkeley)l'un et l'autre des experts de longue date en science de NO nous ont fait profiter, avec autant de générosité que de patience, de leurs impressionnants savoirs. Le financement indispensable à l'insertion d'un CD dans chacun des exemplaires de ce livre fut offert par le Stifterverband für die deutsche Wissenschaft, qu'il nous plait de remercier de tout cœur.

Enfin, nous tenons à saluer la créativité d'Erik Weiner, l'auteur de la chanson rap qui vient à la fin de la pièce. Elle en forme la meilleure des conclusions, alliant comme elle le fait l'art et la science.